ANDANÇAS PELO BRASIL COLONIAL
CATÁLOGO COMENTADO
(1503 – 1808)

FUNDAÇÃO EDITORA DA UNESP

Presidente do Conselho Curador
Herman Jacobus Cornelis Voorwald

Diretor-Presidente
José Castilho Marques Neto

Editor-Executivo
Jézio Hernani Bomfim Gutierre

Conselho Editorial Acadêmico
Alberto Tsuyoshi Ikeda
Célia Aparecida Ferreira Tolentino
Eda Maria Góes
Elisabeth Criscuolo Urbinati
Ildeberto Muniz de Almeida
Luiz Gonzaga Marchezan
Nilson Ghirardello
Paulo César Corrêa Borges
Sérgio Vicente Motta
Vicente Pleitez

Editores-Assistentes
Anderson Nobara
Henrique Zanardi
Jorge Pereira Filho

JEAN MARCEL CARVALHO FRANÇA
RONALD RAMINELLI

ANDANÇAS PELO BRASIL COLONIAL
CATÁLOGO COMENTADO
(1503 – 1808)

editora
unesp

© 2008 Editora UNESP

Direitos de publicação reservado à:
Fundação Editora da UNESP (FEU)

Praça da Sé, 108
01001-900 – São Paulo – SP
Tel.: (0xx11) 3242-7171
Fax: (0xx11) 3242-7172
www.editoraunesp.com.br
www.livrariaunesp.com.br
feu@editora.unesp.br

CIP-Brasil. Catalogação na fonte
Sindicato Nacional dos Editores de Livros, RJ

F139a

França, Jean Marcel Carvalho
    Andanças pelo Brasil Colonial: catálogo comentado (1503-1808)/ Jean Marcel Carvalho França e Ronald Raminelli. – São Paulo: Editora UNESP, 2009.
    il.

    Inclui bibliografia
    ISBN: 978-85-7139-894-8

    1. Brasil – História – Período colonial, 1500-1822 – Fontes – Catálogos. 2. Brasil – Descrições e viagens – Fontes – Catálogos. 3. Brasil – Usos e costumes – Fontes – Catálogos. 4. Viajantes – Brasil – Catálogos. I. Raminelli, Ronald, 1962-. II. Título.

08-4816.   CDD:016.981
                                              CDU: 016:94(81)

Editora afiliada:

Não escutes essa turba embrutecida no plagiar e na cópia. ... Falam nos gemidos da noite no sertão, nas tradições das raças perdidas da floresta, nas torrentes das serranias, como se lá tivessem dormido ao menos uma noite ... . Mentidos! Tudo isso lhes veio à mente lendo as páginas de algum viajante que se esqueceu talvez de contar que nos mangues e nas águas do Amazonas e do Orenoco há mais mosquitos e sezões do que inspiração.

Álvares de Azevedo

Sumário

1. Nota introdutória   9
2. Catálogo de viajantes   15

Bibliografia geral   211

1.

Nota introdutória

A História do Brasil ensinada nas escolas e difundida nos livros didáticos e de divulgação nem sempre atenta para a formação do território e da identidade nacionais. O Brasil não nasceu pronto, com os limites territoriais, língua e costumes que hoje conhecemos. Nos últimos anos, as pesquisas históricas têm procurado entender como esse processo ocorreu, como campos, vilas e cidades tão distantes, no litoral e no sertão, integraram gradativamente um mesmo Estado. No passado, sobretudo no período colonial, os paulistas, baianos e mineiros, por exemplo, se sentiam mais como súditos da monarquia portuguesa, moradores dos domínios ultramarinos de Sua Majestade, do que como brasileiros. Não havia, portanto, o sentimento de ser brasileiro, identidade que se consolidou somente nos dois últimos séculos. Índios e negros de várias etnias se misturavam aos portugueses, mestiços, escravos e libertos e constituíam uma sociedade muito heterogênea e incapaz, à época, de se pensar como unidade, como nação.

Essa diversidade de costumes e valores, no entanto, faz parte de nossa História e deu origem à cultura brasileira. Conhecer a história dessa fusão é o grande desafio dos pesquisadores. Para investigar a questão e entender a dinâmica de construção da identidade nacional, os historiadores buscam informações em documentos variados, entre os quais os relatos de viajantes estrangeiros. Durante três séculos, esses testemunhos registraram episódios vividos na América portuguesa que ora se destacam por uma percepção singular quando comparada aos olhares luso-brasileiros, ora apenas reproduzem lugares comuns difundidos na Europa.

Este livro é a oportunidade de o leitor refletir sobre a nossa História e tentar, talvez, contribuir na montagem desse enorme quebra-cabeça incompleto. Ao ver gravuras e ler fragmentos de relatos de viagem, o leitor descobrirá costumes estranhos, tribos canibais, aventureiros e piratas, embora ainda encontre personagens incrivelmente semelhantes aos atuais brasileiros. Nosso interesse é disponibilizar parte desses registros a nossos leitores e incentivar investigações sobre a História do Brasil segundo o olhar dos estrangeiros.

É verdade que o historiador ou curioso interessado em narrativas de viagem já tem a seu dispor, desde o alvorecer do século XIX, um número nada desprezível de catálogos especializados. Os que buscam informações sobre livros de viagens em geral, sobretudo acerca dos relatos publicados ao longo da denominada expansão marítima europeia, isto é, ao longo do período compreendido mais ou menos entre a viagem de Colombo (1492) e o início da colonização da Austrália (1787), podem consultar, por exemplo, o curioso *Bibliotheque universelle des voyages ou Notice complete et raisonnée de tous les voyages anciens et modernes dans les différentes parties du monde, publiés tant en langue française qu'en langues étrangères, classés par ordre de pays dans leur série chronologique*, de Gilles Boucher de la Richarderie, obra em seis volumes, publicada entre 1806 e 1808. Os leitores com interesses um pouco mais recortados, que estão à caça, por exemplo, de informações sobre narrativas relativas somente à América, também não estão desamparados, ao contrário, além das muitas obras de porte e alcance médios – como o sintético mas útil *The exploration of South America: an annotated bibliography* (1983), de Edward Goodman –, eles podem socorrer-se do impressionante *A dictionary of books relating to America, from its discovery to the present time*, obra em 29 volumes, publicada, entre 1868 e 1936, por Joseph Sabin.

Leitores com interesses ainda mais circunscritos, voltados, por exemplo, somente para aquelas narrativas com menções ao Brasil, nem mesmo estes estão totalmente desamparados. Há pelo menos dois catálogos de fôlego, um deles de qualidade reconhecida mundialmente, dedicados ao tema: o *Biblioteca Exótica-Brasileira* (1929-1930), de Alfredo de Carvalho, e o merecidamente renomado *Bibliographia Brasiliana* (1958 – 2.ed. ampliada, 1983), de Rubem Borba de Moraes.

Ora, malgrado tamanha diversidade, os leitores interessados em narrativas sobre o Brasil não estão nem totalmente desamparados, nem completamente atendidos. De saída, há de ponderar que ambos os catálogos citados não são tão acessíveis como gostaríamos – o de Borba Moraes nem mesmo é escrito em português ou editado no Brasil. Para mais, esses catálogos não se dedicam a mapear somente narrativas de viagem, ao contrário, como bem explicou Borba Moraes, no prefácio à segunda edição de seu *Bibliographia...*, se interessam por toda e qualquer obra estrangeira que mencione o Brasil. Há de acrescentar, também, que tais catálogos, competentes quando se trata de informar o leitor acerca das primeiras edições ou das edições mais antigas das obras citadas, não trazem nenhuma menção a edições ou traduções recentes e de fácil acesso. O leitor frustrar-se-á igualmente se buscar nesses competentes catálogos um *aperitivo* das descrições e das imagens do Brasil contidas nas narrativas arroladas, pois ambos não oferecem senão rápidas notas sobre o autor, a viagem e o livro abordado – isso quando oferecem.

Foi, em larga medida, com o intuito de preencher tais lacunas que preparamos este trabalho. Em linhas gerais, procuramos pôr à disposição dos interessados um catálogo exclusivamente dedicado às narrativas de viagem que mencionam o Brasil, um catálogo acessível e de fácil consulta, que oferecesse ao leitor não somente dados acerca do autor e de sua obra – nomeadamente da parte relativa ao país –, mas que colocasse também à sua disposição informações sobre as edições mais recentes das obras[1] citadas (reedições e traduções para o português), fragmentos dessas obras e reproduções, seguidas de um comentário de parte da iconografia nelas contida.

A escolha dessas narrativas de viagem obedeceu a alguns critérios que convém explicitar para que o leitor saiba exatamente o que encontrará ao percorrer o presente catálogo. Antes de mais nada, vale notar que incluímos aqui somente os relatos de viajantes estrangeiros (franceses, britânicos, neerlandeses, alemães, espanhóis...) que estiveram no Brasil entre 1503 e 1808. O corte temporal inaugura-se com a chegada do primeiro francês ao extremo sul do litoral brasileiro (Santa Catarina), o comerciante Paulmier de Gonneville, quando o Brasil ainda eram terras desconhecidas, e encerra-se em 1808, com a abertura dos portos às nações amigas e a chegada da Família Real Portuguesa ao Rio de Janeiro. Desde então, com a permissão da monarquia, expedições cien-

---

1.   Os fragmentos das narrativas reproduzidas neste *Catálogo* foram extraídos – salvo as exceções apontadas em nota no corpo do texto – das edições mais recentes das obras em português. Quando não encontramos edição em português, os fragmentos foram traduzidos da primeira edição das obras por Jean M. C. França.

tíficas, comerciantes e aventureiros estrangeiros passaram a percorrer as vilas, as cidades e o interior do país. Em resumo, reunimos a seguir os registros produzidos por estrangeiros que percorreram o Brasil durante o denominado período colonial.

Para além deste corte, deixamos de lado as narrativas sobre o Brasil que não partiram de uma experiência direta. Todos os viajantes incluídos no catálogo tiveram, pois, passagem pelo litoral da América portuguesa, visitaram os núcleos urbanos ou percorrem o território sob o controle do monarca português. Devido à proibição de aportar nessas terras, eles deveriam solicitar autorização aos governadores ou vice-reis que permitiam a paragem somente quando havia emergências, como a falta de mantimentos e água limpa, doentes à bordo ou conserto de navios. No entanto, muitos relatos foram produzidos durante invasões, que resultaram em rápidos saques às comunidades litorâneas ou mesmo no controle sobre imenso território, a exemplo dos franceses no Rio de Janeiro e no Maranhão e, posteriormente, dos holandeses no Nordeste, especialmente em Pernambuco.

Excluímos, também, os viajantes luso-brasileiros, já que há inúmeros compêndios sobre o tema disponíveis e é relativamente fácil para o leitor brasileiro encontrar e ler os relatos produzidos por esses visitantes. Tal disponibilidade nem sempre há em relação às demais narrativas sobre o Brasil, pois, ou não foram traduzidas para o português, ou se encontram em edições raras e de difícil acesso ao grande público. Um catálogo contendo somente os registros portugueses e brasílicos (ou brasileiros) teria o dobro ou triplo do tamanho do presente livro e escaparia a seus propósitos. Os testemunhos que ainda permanecem em manuscrito também não foram aqui contemplados, pois requereriam uma pesquisa própria e, por certo, obrigariam à redação de outro catálogo.

Esclarecidos os critérios, convém ainda dizer uma ou duas palavras sobre o conteúdo das obras selecionadas, nomeadamente o conteúdo referente ao Brasil. Excetuando, talvez, as obras derivadas das duas tentativas de colonização da América austral – a França Antártica e a França Equinocial –, as narrativas de Staden e Schimdt e, sobretudo, a variada produção escrita deixada pela passagem holandesa por Pernambuco, as notas sobre o Brasil presentes nas narrativas de viagem editadas entre o século XVI e início do XIX, são, em sua esmagadora maioria, descrições breves, produzidas por visitantes que permaneceram poucos meses – por vezes semanas e mesmo dias – ancorados em portos brasileiros, ou que passaram uma temporada mais longa por aqui na triste qualidade de prisioneiros, com os inconvenientes que tal condição acarreta ao livre deslocamento. De qualquer modo, tanto uns quanto outros em geral conheceram vagamente as regiões que visitaram e, com frequência, mantiveram contato com a população local tão íntimo quanto o permitiam a exiguidade do tempo e a vigilância das autoridades.

A partir do último quartel do seiscentos, as menções ao Brasil presentes nas narrativas de viagem – salvo, repetimos, os poucos casos mencionados – passam a ter um padrão, padrão que somente deixará de vigorar no ocaso da primeira década do oitocentos, quando D. João VI, premido pelos acontecimentos, abre o Brasil à visitação dos estrangeiros. Durante este longo período, quase dois séculos e meio, as menções ao país nos relatos de viagem serão breves, em geral descreverão uma, duas, no máximo três cidades brasileiras, incidirão majoritariamente sobre regiões do litoral da colônia, farão diminutas referências e serão pouco simpáticas aos índios, trarão muitas informações marítimas e militares sobre os portos portugueses, concederão enorme espaço às riquezas que eram ou poderiam ser extraídas do país e, sobretudo, dedicarão especial atenção ao mundo, físico e moral, que os colonos lusitanos estavam edificando no Novo Mundo.

A força de tal padrão é tanta que, mal grado a multiplicidade dos tipos sociais que visitaram a colônia – corsários, marinheiros, capitães de navio, militares, embaixadores, governadores de outras colônias, sábios, missionários protestantes, comerciantes, missionários católicos etc. –, a sua variada proveniência – franceses, ingleses, espanhóis, batavos, alemães e italianos, sobretudo – e a diversidade das razões que os trouxeram à costa brasileira – a necessidade de reabastecimento ou reparos na embarcação, a pirataria, o naufrágio ou a simples curiosidade de conhecer tão exótica porção do Novo Mundo –, durante quase três séculos, com mais ou menos detalhes, mais ou menos acuidade, mais ou menos exagero, não variou muito o que se escreveu sobre a vasta colônia portuguesa nos trópicos e sobre a sua gente. Em linhas muito gerais, não seria equivocado dizer que as descrições do Brasil contidas em tais escritos sustentaram-se sobre a oposição entre uma terra rica, pródiga e bela e um povo, desde muito cedo, corrompido, indolente, inculto, enfim, indigno de ser o senhor de uma terra tão auspiciosa.

2.

Catálogo de viajantes

1503-1505 – Binot Paulmier de Gonneville

Notas sobre a viagem e o viajante

Binot Paulmier de Gonneville é o primeiro navegador francês a arribar em terras americanas de que se tem notícia. A viagem que o trouxe à costa brasileira teve início por volta de 1502, quando, ao retomar de uma viagem a Usboa impressionado com o volume de mercadorias da rota do Oriente que então circulava pelo porto lusitano, Gonneville e mais oito homens de comércio contratam dois experientes marinheiros portugueses e armam um navio, o *L'Espoir*, com o intuito de explorar tão lucrativa rota.

A embarcação pôs-se a caminho do Oriente em julho de 1503, porém, depois de passar pelas Canárias e Cabo Verde (1503), o *L'Espoir* deparou com terríveis tempestades e, no alvorecer de 1504, acabou por arribar na foz de um rio desconhecido – provavelmente o São Francisco do Sul, no litoral do atual estado de Santa Catarina. O navio dependeu seis meses no local, tempo suficiente para Gonneville e sua tripulação travarem contatos amistosos e estreitos com as tribos carijós da região.

Obra

GONNEVILLE, Binot Paulmier de. *Campagne du Navire L'Espoir de Honfleur 1503-1505. Relation authentique du voyage du Capitaine de Gonneville ès nouvelles terres des Indes, publiée intégralement pour la première fois avec une Introduction et des Èclaircissements par M. D'Avesac, Membre de L'Institut*. Paris: Challamel, 1869.

Edição em português

GONNEVILLE, Binot Paulmier de. *Vinte luas: viagem de Paulmier de Gonneville ao Brasil, 1503-1505*. Trad. Leyla Perrone-Moisés. São Paulo: Companhia das Letras, 1996.

Edição mais acessível na língua original

GONNEVILLE, Binot Paulmier de. *Le Voyage de Gonneville (1503-1505) et la découverte de la Normandie par les Indiens du Brésil*. Paris: Chandeigne, 1995.

Fragmento da narrativa

Dizem também que, durante sua permanência na dita terra, conversavam cordialmente com as gentes dali, depois que elas foram cativadas pelos cristãos por meio das festas e pequenos presentes que estes lhes faziam; sendo os tais Índios gente simples, que não pediam mais do que levar uma vida alegre sem grande trabalho; vivendo da caça e da pesca, e do que a terra lhes dá de per si, e de alguns legumes e raízes que plantam; indo meio nus, os jovens e a maioria dos homens usando mantos, ora de fibras trançadas, ora de couro, ora de plumas, como aqueles que usam em seus países os egípcios e os boêmios, exceto que são mais curtos, com uma éspecie de avental amarrado sobre as ancas, indo até o meio das pernas; pois homens e mulheres se vestem da mesma maneira, exceto que a vestimenta da mulher é mais longa.

E usam as fêmeas colares e pulseiras de osso e de conchas; não o homem, que usa, em vez disso, arco e flecha tendo por virotão um osso devidamente acerado, e um chuço de madeira muito duro, queimado e afiado no alto; o que constitui toda a sua armadura.

E vão as mulheres e as meninas com a cabeça descoberta, tendo os cabelos gentilmente trançados com cordéis de ervas tingidas de cores vivas e brilhantes. Quanto aos homens, usam longos cabelos soltos, com um círculo de plumas altas, de cores vivas e bem dispostas.

Iconografia

Não há.

1519 – Antonio Pigafetta

Notas sobre a viagem e o viajante

Estudioso de Matemática e Astronomia, Antônio Pigafetta pertencia a uma família abastada de Vicenza (Itália), onde nasceu em 1491. Seus escritos tornaram-se famosos por testemunhar a primeira viagem ao redor do mundo, comandada por Fernão Magalhães, entre 1519 e 1522. Para embarcar na aventura por mares e terras desconhecidas, Pigafetta pagou do próprio bolso a sua viagem.

Em seu livro, o italiano registrou informações valiosas sobre a geografia, com ênfase nas particularidades dos povos, plantas e animais que encontrou – tarefa assumida depois de iniciada a expedição. Durante a viagem, a tripulação sofreu muitas baixas. Aliás, o próprio Magalhães encontrou a morte nas Filipinas. Ao retomar a Sevilha, restavam apenas 18 homens na embarcação, entre os quais Antônio Pigafetta. Em 1525, ele publicou em Paris, mas em língua italiana, a sua narrativa de viagem, intitulada *Relazione del Primo Viaggio Intorno Al Mondo*. Pigafetta faleceu em Vicenza no ano de 1534.

Obra

PIGAFETIA, Antonio. *Le voyage et nauigation faict par les Espaignolz es Isles de Mollucques. Des isles quilz ont trouue audict Voyages des Roys dicelles de leur gouuernement & maniere de viure auec plusieurs aultres choses. Cum privilegio. On les vend a Paris en la maison de Simon de Colines libraire iure de luniuersite de Paris demourãt en la rue sainct Jehan de Beauluais a lenseigne du Soleil Dor.* Paris: Simon de Colines, 1525.

Edição em português

PIGAFETIA, Antonio. *A primeira viagem ao redor do mundo: o diário da expedição de Fernão de Magalhães.* Porto Alegre: L&PM, 2006.

Edição mais acessível na língua original

PIGAFETTA, Antonio. *Relazione del primo viaggio attorno al mondo*. Padova: Antenore, 1999.

Fragmento da narrativa

Os homens e as mulheres são como nós. Algumas vezes comem carne de seus inimigos, não por gosto, senão por costume. Isto de comer-se um ao outro foi introduzido por uma velha que tinha apenas um filho, que foi morto pelos inimigos. Alguns dias depois, seus companheiros capturaram um do grupo que havia matado seu filho e o conduziram diante da velha. Ao ver e recordar de seu filho, ela saltou sobre o inimigo e, como uma cadela enfurecida, mordeu as costas. Este homem pôde escapar e regressar aos seus, a quem disse que haviam tentado comê-lo, mostrando a marca dos dentes nas costas. Por isso, quando estes últimos capturaram, novamente, seus inimigos, os comeram, e logo estes a eles, e assim se estabeleceu o costume.

Iconografia

Não há.

1535-1555 – Ulrich Schmidt

Notas sobre a viagem e o viajante

Ulrich Schmidt, soldado alemão nascido em Straubing (Baviera), veio para a América austral em 1534, em uma expedição composta por catorze embarcações de grande porte e 2.650 homens, 150 dos quais soldados estrangeiros (alemães, holandeses e saxões), encarregados de dar início à colonização da região do rio da Prata. O comando dessa vultosa empresa marítima coube ao fidalgo D. Pedro de Mendonça, que embarcou com o título de Adelantado y Capitán-general de la Provincia del Río de la Prata.

O alemão despendeu vinte anos (1534-1554) de sua vida no sul da América austral, participando ativamente do processo de exploração e colonização da região. Interessa-nos, porém, aqui destacar da sua variada narrativa uma passagem pequena (dois capítulos), nos quais o aventureiro dá a conhecer a viagem que empreendeu por terra, de dezembro de 1552 a junho de 1553, entre Assunção e a àdade de São Vicente, passando pela ainda incipiente *Piratininga* de *João Ramalho – um antro de ladrões*, segundo o soldado.

Obra

SCHMIDEL, Ulrich. *Vera historia Admirandae Cvivsdam navigationis, quem Huldericus Schmidel, Straubingensis, ab Anno 1534, usque ad annum 155, in Americam vel nouum Mundum, inuta Brasiliam & Rio della Plata, confecit.* **Quid per hosce annos 19. sunstinuerit, quam varias & quam mirandas regiones ac homines viderit.** *Ab ipso Schmidelio Germanice descripta: Nunc vero, emendatis & correctis Vrbium, Regionum & Fluminum nomibus, Adiecta etiam tabula Geographica, figuris & aliis notationibus quibusdam in hanc formam reducta.* Noribergae: Impensis Levini Hulsij, 1599.

Edição em português

Não há.

Edição mais acessível na língua original

SCHMIDEL, Ulrich. *Ulrich Schmidels Fahrt in die Neue Welt: die Reise eines Straubingers, der 1534 aufbrach, die Welt zu entdecken und 20 Jahre später zurückkam / aus dem Mittelhochdeutschen ubertragen und herausgegeben von Markus Tremmel mit einer Einleitung von Wolfgang Odzuck.* Taufkirchen: Via Verbis Bavarica, 2000.

Fragmento da narrativa

Caminhamos até um pequeno vilarejo que pertence aos cristãos, cujo principal se chama João Ramalho. Por sorte, este não estava em casa, pois o lugar pareceu-me um antro de ladrões. Disseram-nos que estava em casa de um outro cristão em São Vicente, com o qual, havia tempos, buscava reconciliar-se. Os oitocentos cristãos destes dois povoados dependem do rei de Portugal e do dito João Ramalho, o qual, segundo defende ele próprio, por quarenta longos anos tem vivido, comandado, guerreado e conquistado terra aos índios e, por esta razão, julga que deve mandar mais do que qualquer cristão, coisa que o outro contesta. Por isso, preparavam-se para a guerra. O renomado João Ramalho goza de tanto poder e prestígio na terra, que é capaz de reunir mais de cinqüenta mil índios em um único dia, enquanto o rei de Portugal não consegue juntar dois mil.

Iconografia

Não há.

1548-1555 – Hans Staden

Notas sobre a viagem e o viajante

A história de Staden, do poucoque se sabe sobre ele e de sua passagem pelo Brasil, é razoavelmenteconhecida. Em 1547, o aventureiro, que saíra de sua cidade natal e passara pela Holanda, desembarcou em Portugal, mais precisamente na cidade portuária de Setúbal. Daí seguiu para Lisboa e, na impossibilidade de embarcar para as Índias, empregou-se, com mais dois alemães, como artilheiro em um navio, comandado por um tal capitão Penteado, que rumava para o Brasil. Staden, nesta primeira viagem, passou pelas capitanias de Pernambuco, onde esteve com Duarte Coelho, e da Paraíba, dedicando especial atenção ao comércio do pau-brasil e às guerras que então se travavam contra os gentios.

Em 1550, o aventureiro, depois de retomar a Portugal e daí passar à Espanha, engaja-se em nova expedição rumo à América Austral, comandada por João Salazar, a mando de Diogo Sanabria, nomeado governador do Rio da Prata. Depois de muitos infortúnios, Staden foi parar em São Vicente e acabou por tornar-se responsável por um forte na ilha de Santo Amaro, na enseada de Bertioga. O resto da história é

Andanças pelo Brasil colonial

sobremodo conhecida: o aventureiro foi capturado por tupinambás e, apesar das constantes ameaças de ser devorado em ritual antropofágico, sobreviveu alguns meses entre eles, sendo posteriormente resgatado por uma nau francesa.

2. Obra

STADEN, Hans. *Warhaftige Historia vnd beschreibung eyner Landtschafft der Wilden, Nacketen, Grimmigen Menschfresser Leuthen, in der Newenwelt America gelegen, vor vnd nach Christi geburt im Land zu Hessen vnbekant, biss vff dise ij. nechst vergangene jar, Da sie Hans Staden von Homberg auss Hessen durch sein eygne erfarung erkant, vnd yetzo durch den truck an tag gibt. Dedicirt dem Durchleuchtigen Hochgebornen herrn, H. Philipsen Landtgraff zu Hessen, Graff zu Catzenelnbogen, Dietz, Ziegenhain vnd Nidda, zeinen G. H. Mit eyner vorrede D. Joh. Dryandri, genant Eychman, Ordinarij Professoris Medici zu Marpurgk. Inhalt des Büchlins volget nach den Vorreden.* Marpurg: Andreas Kolbe, 1557.

Edição em português

STADEN, Hans. *Duas viagens ao Brasil.* Belo Horizonte: Itatiaia; São Paulo: Editora da Universidade de São Paulo, 1988.

Edição mais acessível na língua original

STADEN, Hans. *Brasilien. Historia von den nackten, wilden Menschenfressern.* Lenningen: Edition Erdmann, 2006.

Fragmento da narrativa

Quando retorna ao prisioneiro, com os seus companheiros, para o pátio, entrega-lhe o tacape aquele que com ele se acha em pé, em frente ao captura- do; vem então o principal da cabana, toma a arma e mete-lh'a entre as pernas.

Consideram isto uma honra. A seguir retoma o tacape aquele que vai matar o prisioneiro e diz: "Sim, aqui estou eu, quero matar-te, pois tua gente tambem matou e comeu muitos dos meus amigos". Responde-lhe o prisioneiro: "Quando estiver morto, terei ainda muitos amigos que saberão vingar-me". Depois golpeia o prisioneiro na nuca, de modo que lhe saltam os miolos, e imediatamente levam as mulheres o morto, arrastam-no para o fogo, raspam-lhe toda a pele, fazendo-o inteiramente branco, e tapando-lhe o anus com um pau, a-fim-de que nada dêle se escape.

Depois de esfolado, toma-o um homem e corta-lhe as pernas, acima dos joelhos, e os braços junto ao corpo. Vêm então as quatro mulheres, apanham os quatro pedaços, correm com êles em torno das cabanas, fazendo grande alarido, em sinal de alegria. Separam após as costas, com as nádegas, da parte dianteira. Repartem isto entre si. As vísceras são dadas às mulheres. Fervem-nas e com o caldo fazem uma papa rala, que se chama mingáu, que elas e as crianças sorvem. Comem essas vísceras, assim como a carne da cabeça. O miolo do crânio, a língua e tudo o que podem aproveitar, comem as crianças. Quando o todo foi partilhado, voltam para casa, levando cada um o seu quinhão.

Quem matou o prisioneiro recebe ainda uma alcunha, e o principal da choça arranha-lhe os braços, em cima, com o dente de um animal selvagem. Quando esta arranhadura sara, vêm-se as cicatrizes, que valem por ornato honroso. Durante êsse dia, deve o carrasco permanecer numa rêde, em repouso. Dão-lhe um pequeno arco, com uma flecha, com que deve passar o tempo, atirando num alvo de cera. Assim procedem para que seus braços não percam a pontaria, com a impressão da matança.

Tudo isso eu vi, e assisti.

Iconografia

Figura 1 – Pesca entre os índios tupi.

Figura 2 – Prisioneiro dança com as mulheres na tribo.

Quarenta e sete gravuras ilustram as duas etapas do livro de Hans Staden. Inicialmente, elas abordam a viagem, o deslocamento espacial do aventureiro alemão e os combates de franceses e portugueses. Depois de capturado pelos tupinambás, Staden descreve, em detalhes, a vida de um prisioneiro. As imagens, desde então, revelam o atormentado cotidiano de um europeu que convivia com guerras, rituais canibalescos e ainda recorria a estratégias para livrar-se da sina de tantos ouctros inimigos. Na segunda etapa, as imagens retratavam os costumes tupinambás, a estrutura de suas moradias, alimentação, vestuários, mitos e, sobretudo, as etapas dos festins canibalescos. As inúmeras gravuras, portanto, traduzem os incríveis registros compostos por um europeu que vivenciou, com muita intimidade, os principais ritos tupinambás: a guerra e o canibalismo.

Temas de algumas ilustrações:

Livro I
Ataques indígenas em Itamaracá – cap. IV
Hans Staden em frente ao chefe Cunhambebe – cap. XXVIII
Fases dos ritual canibalesco – cap. XXXIX
O retorno à França, partindo do Rio de Janeiro – cap. LIII
Livro II
A aldeia Tupinambá – cap. V
Maracá – cap. XXIII
Retirada da pele da vítima – cap. XXIX
Mulheres comem as vísceras do prisioneiro – cap. XXIX

1555-1567 – As narrativas da França Antártica (Nicolas Barré, Jean de Léry e André Thevet)

Notas sobre a viagem e os viajantes

No dia 14 de agosto de 1555, uma esquadra de três navios de duzentas toneladas, com cerca de seiscentos homens – muitos dos quais recrutados nas prisões de Rouen e Paris – partiu do porto de Dieppe para o Brasil, nomeadamente para a baía de Guanabara, com o intuito de fundar aí, sob a liderança do cavaleiro de Malta, Nicola Durand de Villegaignon, uma colônia que ficaria conhecida como França Antártica.

A história da malograda execução do ousado projeto é bastante conhecida, sobretudo a querela religiosa que eclodiu entre os colonizadores, querela que contrapôs os colonos calvinistas de Genebra e os partidários de Villegaignon. Das obras que resultaram da longa e acirrada disputa (panfletos, cartas e narrativas de viagem), seguem as referências das três principais: *Cópia de algumas cartas sobre a navegação do cavaleiro de Villaigagnon* (1557), do piloto Nicolas Barré, um protestante convicto, apoiante de primeira hora da empresa colonizadora idealizada pelo cavaleiro de Malta; *As singularidades da França Antártica* (1558), do cosmógrafo do rei e ardoroso defensor de Villegaignon, André de Thevet; e a renomada *História de uma viagem feita à terra do Brasil* (1578), do calvinista Jean de Léry.

Obras

BARRÉ, Nicolas. *Copie de quequels letres sur la navigation de Chevalier de Villegaignon es terres de l´Amerique, oultre l'AEquinoctial, iusques soubz le tropique de Capricorne: côtenant sommairement les fortunes encourues en ce voyage, auec les meurs & façons de vivre des Sauvages du pais: enouyées par un des gens dudict Seigeur.* Paris: Martin le leune, á l´enseigne S. Christophe, 1557.

LÉRY, Jean de. *Histoire d'vn voyage fait en la terre dv Bresil, avtrement dite Amerique. Contenant la nauigation, & choses remarquables, veuës sur mer par l'aucteur. Le comportement de Villegagnon en ce païs là. Les meurs & façons de viure estranges des Sauuages Ameriquains: auec un colloque de leur langage. Ensemble la description de plusieurs Animaux, Arbres, Herbes, & autres choses singulieres, & du tout inconnues par deça, dont on verra les sommaires des chapitres au commencement du liure. Non encores mis en lumiere, pour les causes contenues en la preface. Le tout recueilli sur les lieux par Iean de Lery natif de la Margelle, terre de sainct Sene au Duché de Bourgongne. Seigneur, ie te celebreray entre les peuples, & te diray Pseaumes entre les nations.* La Rochelle: Antoine Chuppin, 1578.

THEVET, André. *Les singvlaritez de la France Antarctiqve, avtrement nommee Amerique: & de plusieurs Terres & Isles decouuertes de nostre temps. Par F. Andre Theuet, natif d'Angoulesme.* Paris: Chez les heritiers de Maurice de la Porte, 1557.

Edições em português

BARRÉ, Nicolas. *Copie de quequels letres sur la navigation de Chevalier de Villegaignon es terres de l ' Amerique...* In: FRANÇA, Jean Marcel Carvalho. *Visões do Rio de Janeiro Colonial: Antologia de textos, 1531-1800.* Rio de Janeiro: José Olympio, 1999, p.19-23 [Fragmento relativo ao Brasil].

LÉRY, Jean de. *Viagem à terra do Brasil.* Tradução e notas, Sérgio Milliet; bibliografia, Paul Gaffarel; colóquio na língua brasílica e notas tupinológicas, Plínio Ayrosa. Belo Horizonte: Itatiaia; São Paulo: Editora da Universidade de São Paulo, 1980.

THEVET, André. *Singularidades da França Antarctica, a que outros chamam de América.* São Paulo: Editora da Universidade de São Paulo; Belo Horizonte: Itatiaia, 1978.

Edições mais acessíveis na língua original

BARRÉ, Nicolas. "Lettres sur La navegation du chevalier de Villegaignon" In: TERNAUX-COMPANS, Henry. *Archives de Voyages ou Collection d'anciennes Relations Inédites ou très rares de Lettres, Mémoires, Itinéraires et autres Documents.* Paris: Arthus Bertrand, Libraire-Éditeur, s/d.

LÉRY, Jean de. *Histoire d'un voyage en terre de Brésil.* Paris: Hachette Éducation, 2000.

THEVET, André. *Le Brésil d'André Thevet: Les singularités de la France Antartique (1557).* Paris: Chandeigne, 1997.

Fragmentos das narrativas

...Tudo me leva a crer que esses nativos são o povo mais bárbaro e estranho que existe sobre a terra. Eles vivem sem conhecimento de nenhum deus, sem inquietude de espírito, sem lei e sem nenhuma religião. Tal como os animais, estão à mercê dos seus instintos. Tanto os homens como as mulheres andam completamente nus. A língua que falam é muito rica em sons, mas desprovida de numerais. Assim, quando eles querem expressar cinco, mostram os cinco dedos da mão.

Essa nação mantém-se em estado de guerra com outras cinco ou seis. Quando fazem um prisioneiro, oferecem-lhe como esposa a mais bela jovem da tribo; essa relação é mantida por um certo número de luas, número previamente indicado através de uma corda fixada no pescoço do inimigo. Expirado esse tempo, os nativos fazem uma grande quantidade de vinho de milho e bebem-no até à exaustão com os amigos convidados para a cerimônia. Nessa ocasião, o prisioneiro é espancado até à morte com um porre te de madeira e, posteriormente, dividido em pedaços, que são assados na brasa e comidos com grande prazer. (Nicolas Barré)

Direi, inicialmente, a fim de proceder com ordem, que os selvagens do Brasil, habitantes da América, chamados Tupinambás, entre os quais residi durante quase um ano e com os quais tratei familiarmente, não são maiores nem mais gordos do que os europeus; são porém mais fortes, mais robustos, mais entroncados, mais bem dispostos e menos sujeitos a moléstias, havendo entre eles muito poucos coxos, disformes, aleijados ou doentios. Apesar de chegarem muitos a 120 anos (sabem contar a idade pela lunação), poucos são os que na velhice têm os cabelos brancos ou grisalhos, o que demonstra não só o bom clima da terra, sem geadas nem frios excessivos que perturbem o verdejar permanente dos campos e da vegetação, mas ainda que pouco se preocupam com as coisas deste mundo. E de fato nem bebem eles nessas fontes lodosas e pestilenciais que nos corroem os ossos, dessoram a medula, debilitam o corpo e consomem o espírito, essas fontes em suma que, nas cidades, nos envenenam e matam e que são a desconfiança e a avareza, os processos e intrigas, a inveja e a ambição. Nada disso tudo os inquieta e menos ainda os apaixona e domina, como adiante mostrarei. E parece que haurem todos eles na fonte da Juventude.

Quanto à sua cor natural, apesar da região quente em que habitam, não são negros; são apenas morenos como os espanhóis ou os provençais. Coisa não menos estranha e difícil de crer para os que não os viram, é que andam todos, homens, mulheres e crianças, nus como ao saírem do ventre materno. Não só não ocultam nenhuma parte do corpo, mas ainda não dão o menor sinal de pudor ou vergonha. (Jean de Léry)

Agora temos de descrever a parte que ficamos conhecendo melhor por tê-la freqüentado mais, que é a situada nas alturas do trópico brumal, e mesmo um pouco mais a sul. Além dos cristãos que aí se estabeleceram depois da chegada de Américo Vespúcio, esta região era e ainda é habitada por estranhíssimos povos selvagens, sem fé, lei, religião e nem civilização alguma, vivendo antes como animais irracionais, assim como os fez a natureza, alimentando-se de raízes, andando sempre nus tanto os homens quanto as mulheres, à espera do dia em que o contato com os cristãos lhes extirpe esta brutalidade, para que eles passem a vestir-se, adotando um procedimento mais civilizado e humano. É por isto que devemos louvar afetuosamente ao Criador por ter permitido que possuíssemos uma idéia mais clara das coisas, não deixando que fôssemos assim brutais como estes pobres americanos.

Quanto aos terrenos que se encontram por toda a América, são fertilíssimos, repletos de árvores que dão excelentes frutos, sem exigirem cultivo ou cuidados. Não há dúvida de que se estes terrenos fossem cultivados produziriam maravilhosamente, tendo em vista sua situação, suas belíssimas montanhas e vastas planícies, seus rios piscosos e a grande fertilidade das terras, tanto insulares quanto continentais.

Hoje em dia os espanhóis e portugueses habitam uma grande parte da América – as Antilhas do Atlântico, as Molucas no Pacífico, a terra firme que se estende até Darien, Paria e Palmaria, além dos territórios mais meridionais, como a Terra do Brasil.

São estes os aspectos gerais da América. (André Thevet)

Iconografia

Figura 3 – Inferno no Novo Mundo.

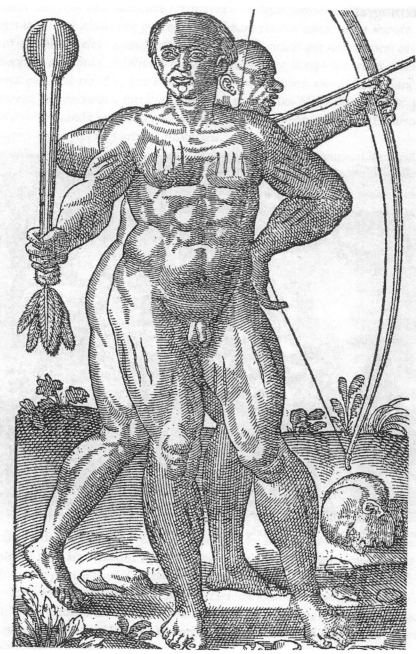
Figura 4 – Guerreiro tupi, suas armas e marcas de sua valentia.

Essas ilustrações descrevem os tipos indígenas a partir de duas perspectivas. De forma estática, retratam os guerreiros e a família, para detalhar os corpos, indumentárias e armas. Mas as imagens pretendem também registrar o movimento: as guerras, os rituais e, particularmente, os festins canibalescos. Por fim, como homem da Reforma, o livro não poderia esquecer o ambiente infernal ao qual os americanos estavam submetidos.

Temas de algumas ilustrações:

Guerreiros indígenas
Início do ritual de canibalismo
Guerreiros indígenas
Espíritos malignos
Caraíbas
Ritual de hospitalidade
Morte de um índio

Figura 5 – *Haut* (preguiça), a besta que vive de vento.

Figura 6 – Corte do pau-brasil pelos índios tupi.

As ilustrações do livro de Thevet dedicam-se aos mais variados aspectos do cotidiano tupinambá. Em princípio, parecem explorar a fauna, a flora e os costumes. De fato, o conjunto de texto e imagens vai além, pois explora a interação entre os índios e o meio. Mostra, sobretudo, como os tupis transformam a natureza ao produzir chocalhos e armas, consumir tabaco, alimentar-se de peixes e frutas. Para além desse aspecto, os escritos e as gravuras compõem um conjunto etnográfico surpreendente, ao registrar as guerras, os rituais, a doença e a morte. De fato, as imagens interagem com a narrativa e concedem autenticidade visual ao testemunho do frei que nem sempre recebeu a credibilidade merecida em sua época.

Temas de algumas ilustrações:

Como as mulheres fazem vinho
Tamouhata, espécie de peixe admirável
Panapana, espécie de peixe
Mandioca
Homens se alimentam de carnes e peixes
Coleta de pacova
Ahuai, árvore do cajueiro
Combate
Árvore com a qual fazem suas armas
Execução do prisioneiro
Sacrifício ritual
Esquartejamento do corpo da vítima
Sepultamento do morto
Festa solene em homenagem ao morto
Saudação aos visitantes: gritos e choro
Tratamento de um doente
Ananás
Tucano
Heyrat, *o papa mel*
Haut, *preguiça*
Consumo de tabaco
Como fazem os *chocalhos*

1582 – Pedro Sarmiento de Gamboa

Notas sobre a viagem e o viajante

Pedro Sarmiento de Gamboa, um dos mais afamados navegadores espanhóis do século XVI, autor da conhecida *História dos incas*, nasceu em Alcalá de Henares, por volta de 1532. Filho de Maria de Gamboa, de Bilbao, e Bartolomé Sarmiento, de Pontevedra, Gamboa cresceu na cidade paterna e, não se furtando às tradições locais, cedo tomou gosto pela vida marítima. Aos 18 anos, entrou para o serviço militar, engajando-se, entre 1550 e 1555, nas guerras da

Europa. Neste mesmo ano, cruzou o Atlântico e passou a viver entre o México e a Guatemala. Em 1557, o navegador deslocou-se para o Peru e aí fixou residência.

Em 1580, Gamboa retomou à Espanha e organizou uma expedição colonizadora – a segunda que conduzia à região – ao Estreito de Magalhães. A 9 de dezembro de 1581, a frota, formada por 23 embarcações e cerca de três mil homens (350 colonos), partiu de Sanlúcar, mas a travessia do Atlântico correu da pior maneira – a disenteria e a fome ceifaram a vida de 150 homens e deixaram muitos enfermos e descontentes entre os sobreviventes – e os navios viram-se obrigados, em 24 de março de 1582, a lançar âncora no porto do Rio de Janeiro para uma estada de pouco mais de sete meses.

Obra

SARMIENTO DE GAMBÓA, Pedro. *Viage al Estrecho de Magallanes por el capitan Pedro Sarmiento de Gambóa en los anos de 1579 y 1580 y noticia de la Expedicion que despues hizo para poblarle.* Madrid: Imprenta real de la Gazeta, 1768.

Edição em português

SARMIENTO DE GAMBÓA, Pedro. "Viage al estrecho de Magallanes por el capitan Pedro Sarmiento de Gamboa...". In: FRANÇA, Jean Marcel Carvalho. *Outras visões do Brasil Colonial: antologia de textos (1582-1808).* Rio de Janeiro: José Olympio, 2000, p.13-22 [Fragmento relativo ao Brasil].

Edição mais acessível na língua original

SARMIENTO DE GAMBÓA, Pedro. *Viaje al Estrecho de Magallanes y noticia de la expedicion que despues hizo para poblarlo.* Estudio preliminar, Jose Luis Lanata; articulos anexos y notas, Ruben A. Arribas. Buenos Aires: Eudeba, 2005.

Fragmento da narrativa

Os portugueses da cidade de São Sebastião se ofereceram para cuidar dos nossos enfermos, solicitando, para isso, que Diego Flores os socorresse com algum donativo da Fazenda Real, disponibilizado por S. M. para essas e outras necessidades. Flores deu-lhes, uma única vez, alguns poucos reais – cerca de 100, para sustentar 200 enfermos. O governador Salvador Corrêa e os habitantes, todos muitos pobres, fizeram o que lhes era possível com tão pouco. Flores, ao invés de colaborar, cortou parte da ração dos doentes, o que acabou por matar 150 homens e causar inúmeras deserções. Pedro Sarmiento, vendo os perigos dessa situação, tratou de alojar os colonos nas casas dos habitantes da terra, onde receberam os cuidados necessários e puderam recuperar-se rapidamente (ocorreram apenas quatro mortes). Para os oficiais da fortificação, Sarmiento mandou construir umas casas com folhas de palmeiras. Visitando e medicando diariamente esses homens, ele conseguiu, com a glória de Deus, que quase todos se recuperassem – dos 150 doentes, somente um morreu.

Iconografia

Não há.

1592 – A última viagem do pirata Cavendish (Thomas Cavendish, John Jane, Anthony Knivet)

Notas sobre a viagem e os viajantes

Thomas Cavendish, o terceiro europeu a realizar uma viagem de circunavegação – precederam-no somente o português Fernão de Magalhães e o inglês Francis Orake –, nasceu em 1560, no condado de Suffolk, na Inglaterra, no seio de uma família abastada. Jovem ainda, é bem recebido na Corte da Rainha Isabel I (1533-1603) e ingressa no Parlamento, onde toma contato com homens que estavam diretamente envolvidos com os negócios de além-mar, negócios que começavam a ganhar vulto na Inglaterra. Em junho de 1586, Cavendish, cuja vida de ostentação rapidamente consumira a herança paterna, arma uma pequena esquadra de três navios e, com um pouco de experiência, quase nenhum conhecimento marítimo e muita sorte, empreende uma extremamente bem-sucedida viagem de circunavegação, durante a qual consegue capturar algumas embarcações espanholas com carregamentos de grande valor.

A exitosa viagem, finalizada em setembro de 1588, transformou Cavendish em um homem rico. Os seus gastos, porém, sempre muito elevados, em pouco tempo esvaziaram novamente a sua bolsa e o levaram, em 1591, de volta à vida de saques e pilhagens. Foi essa segunda empreitada em busca de "fortuna e glória" que o trouxe a Santos, em dezembro de 1591 e, posteriormente, entre março e maio de 1592, às costas paulista e capixaba.

Dessa aventura, aventura desastrosa, que custou a vida do pirata, restaram três relatos: o de Anthony Knivet, um marujo inglês de origem nobre sobre o qual pouco se sabe; o de John Davies, outro marujo que viajava a bordo de uma das cinco embarcações da esquadra, o *Roebucke;* e o do capitão Cavendish, que infelizmente não menciona a primeira passagem por Santos.

Obras

CAVENDISH, Thomas. "The last Voyage of the worshipful M. Thomas Cavendish". In: PURCHAS, Samuel. *Hakluytvs Posthumus or Pvrchas his Pilgrimes. Contayning a History of the World, in Sea voyages, & land-Travels, by Englishmen & others. Wherein Gods Wonders in Nature & Prouidence, the Actes, Arts, Varieties, & Vanities of Man, w^{th}, a world of Eyewitnesse-Authors, Related to the World. Some left written by Mr. Hakluyt at his death More since added, His also perused, & perfected. All examined, abreuiated, Illustrates with Notes Enlarged with. Discourses, Adorned with pictures, and Expressed in Mapps. In fower Parts. Each containing five Bookes.* Compiled by Samvel Pvrchas. Londres: H. Fetherston, 1625.

JANE, John. In: HAKLUYT, Richard. *The principal navigations, voyages, traffics and discoveries of the English nation.* London: Imprinted by G. Bishop, R. Newberie and R. Barker, 1598-1600, p.842-52. 3v., v.3.

KNIVET, Anthony. "The admirable adventures and strange fortunes of Master Anthony Knivet, which went with Master Thomas Candish in his second voyage to the South Sea, 1591". In: PURCHAS, Samuel. *Hakluytvs Posthumus or Purchas his Pilgrimes. Contayning a History of the World, in Sea voyages, & land-Travels, by Englishmen & others. Wherein Gods Wonders in Nature & Prouidence, the Actes, Arts, Varieties, & Vanities of Man, w^{th}, a world of Eyewitnesse-Authors, Related to the World. Some left written by Mr. Hakluyt at his death More since added, His also perused, & perfected. All examined, abreuiated, Illustrates with Notes Enlarged with. Discourses, Adorned with. pictures, and Expressed in Mapps. In fower Parts. Each containing five Bookes.* Compiled by Samvel Pvrchas. London: H. Fetherston, 1625.

Edições em português

ALVES FILHO, Paulo Edson. "Tradução comentada do manuscrito do corsário Thomas Cavendish." São Paulo, 2002. Dissertação (Mestrado) – USP.

KNIVET, Anthony. *Vária fortuna e estranhos fados de Anthony Knivet, que foi com Tomas Cavendish, em sua segunda viagem, para o Mar do Sul, no ano de 1591. Versão do original inglês por Guiomar de Carvalho Franco. Com anotações e referências de Francisco de Assis Carvalho Franco.* São Paulo: Brasiliense, 1947.

Edições mais acessíveis na língua original

CAVENDISH, Thomas. *Last voyages Cavendish, Hudson, Ralegh: the original narratives. Introduced and edited by Philip Edwards.* New York: Oxford University Press, 1988.

JANE, John. In: HAKLUYT, Richard. *The Principal Navigations, Voyages, Traffiques, and Discoveries of the English Nation.* McLean: Indypublish, 2006.

KNIVET, Anthony. In: PURCHAS, Samuel. *Hakluytus posthumus: Or, Purchas his Pilgrimes: contayning a history of the world in sea voyages and lande travells by Englishmen and others.* New York: AMS Press, 1965.

Fragmentos das narrativas[*]

O capitão partiu à frente de 25 dos principais homens do navio. Não houve meio de convencer o seu primo, Edward Stafford, a ser deixado para trás; os homens partiram às 4 horas da manhã e Stafford, sem que eu visse, seguiu com o grupo. O que mais posso deixar registrado? O ocorrido demonstra a baixa consideração que tinham por mim e pelo meu comando. De qualquer modo, o grupo partiu e, lá pela 1 hora da tarde, enviou de volta o meu bote com um pouco de milho, 6 galinhas e um pequeno carneiro. Vendo que a companhia não retomava, enviei o meu bote com um homem encarregado de adverti-las de que aguardava-os impacientemente. O bote cedo retomou com uma resposta que muito me espantou. Os homens mandavam dizer que não sairiam de lá e que um carneiro e 6 galinhas não bastavam para salvar as nossas vidas. Ciente de que não havia outra coisa a fazer, despachei o meu bote com ordens para que retomassem imediatamente ao navio. Aguardei-os durante toda a noite e, na manhã seguinte, disparei um tiro de aviso, mas nada de bote. (Thomas Cavendish).

Mestre Cavendish precisava tomar a cidade, pois tinha grande necessidade de suprimentos. Uma vez em Santos e com a cidade sob controle, poderíamos ter assegurado, com grande fartura, a satisfação de todas as nossas carências. Todavia, a negligência de nosso líder, mestre Cocke, foi tanta que os índios, em plena luz do dia, carregaram para fora da cidade o que desejaram, não havendo ninguém para controlá-las.

No dia seguinte, depois de termos dominado a cidade, nossos prisioneiros foram todos postos em liberdade. Para que as nossas exigências fossem atendidas, somente quatro pobres homens velhos foram mantidos como reféns. Em 3 dias, a cidade, que a princípio poderia fornecer a qualquer navio todo tipo de gêneros, foi ficando totalmente vazia diante de nós, sem gentes e sem provisões. (John Jane)

Mal o piloto português terminou a sua explicação, saltamos em terra e caminhamos para a igreja. Tomamos, sem qualquer resistência, a espada de

---

[*] Os fragmentos de John Jane e Thomas Cavendish foram traduzidos por Jean M. C. França.

todos os homens presentes e permanecemos ali até às 7 horas, aguardando a chegada do nosso bote grande e do restante da companhia. Éramos somente 23 e não ousaríamos atacar a vila em tão pequeno número. Alguns portugueses que estavam em suas casas aproveitaram-se da situação e fugiram com os seus pertences. Havia na cidade grande quantidade de víveres e abundância de confeitos, açúcar e farinha de caçava, com a qual fizemos um ótimo pão. Na igreja, encontramos cerca de 300 homens, além de mulheres e crianças.

Depois de saquearmos a vila e colocarmos os homens a postos, relatamos ao general tudo o que se passara. Logo que a resposta do general chegou à cidade, fortificamo-nos e demos liberdade a quase todos os portugueses, conservando como prisioneiros somente uns 7 ou 8 principais do lugar. (Anthony Knivet)

Iconografia

Não há.

1593 – Richard Hawkins

Notas sobre a viagem e o viajante

Pertencente a uma família de homens ligados ao mar – o avô (William Hawkins), o pai (John Hawkins) e o tio (William Hawkins) eram grandes navegadores –, o futuro almirante Richard Hawkins (1562-1522) passou a infância e a juventude entre os navios ancorados nos portos de Plymouth e Daptford. A primeira viagem de vulto, empreendeu-a em 1582 às Índias Ocidentais, em companhia do tio William. Daí em diante, o jovem Hawkins prestou inúmeros serviços à Marinha, tanto que, já em 1588, é designado capitão de um navio, o Swallow, e participa de um combate contra a Armada Espanhola. Neste mesmo ano, começa a planejar com o pai uma viagem à China, através do Estreito de Magalhães, uma viagem para descobrir novas terras, como então se dizia.

Em 13 de junho de 1593, Hawkins, à frente de uma pequena frota de três navios (o *Daintie*, o *Fancy* e o navio de mantimentos *Hawk*) e sem a companhia do pai, partiu do porto de Plymouth, dando início à sua tão planejada viagem. As embarcações seguiram sem problemas até as proximidades da linha do Equador, quando as doenças e a má alimentação começaram a fazer vítimas a bordo e obrigaram-nas a buscarem a costa brasileira.

Obra

HAWKINS, Richard. *The Observations of Sir Richard Hawkins Knight, in his Voyage into the South Sea. Anno Domini 1593. Per varios Casus, Artem Experiencia fecit – Exemplo mostrante viam. – Manil. li. I.* London: I. D. for J. Iaggard, 1622.

Edição em português

HAWKINS, Richard. *A viagem do pirata Richard Hawkins. História autêntica da era dos descobrimentos.* 2.ed. Trad. Eduardo San Martin. Porto Alegre: Artes e Ofícios, 2005 (versão romanceada).

Edição mais acessível na língua original

HAWKINS, Richard. *The Observations of Sir Richard Hawkins, Knight in His Voyage into the South Sea in the Year 1593.* London: Adamant Media, 2001.

Fragmento da narrativa[*]

Entrando no porto, a um quarto de milha acima, há uma pequena vila e, a cerca de 3 léguas, a cidade principal. De cada lado do porto, onde estão ancora

---

[*] O fragmento foi traduzido por Jean M. C. França.

dos os navios que vão carregar ou descarregar, há um forte. Na pequena vila, está baseada uma guarnição composta por 100 soldados, dos quais parte permanece na própria vila e parte numa torre branca que comanda a região, situada no alto de uma colina.

Meu capitão teve boa acolhida por parte dos homens instalados na pequena vila, os quais receberam a minha carta e, imediatamente, remeteram-na ao governador, que se encontrava a cerca de 3 milhas dali. Esses acabaram por nos ser úteis. Enquanto aguardavam o mensageiro, meu capitão e um seu companheiro conheceram uns soldados do lugar que, depois dos cumprimentos de praxe – indispensáveis na sua profissão, quando não são indisciplinados –, resolveram ajudá-los. Observando que os nossos estavam ansiosos por obter laranjas, limões e outros refrescos para o seu general, permitiram que as mulheres e crianças do lugar trouxessem o que necessitavam. Meu capitão retribuiu dando-lhes duas pistolas que eu lhe tinha dado para essa situação. Conseguimos obter 200 ou 300 laranjas e limões e umas poucas galinhas.

Iconografia

Não há.

1599 – Olivier Van Noort

Notas sobre a viagem e o viajante

Em 1598, a recém-criada companhia de comércio de Roterdam armou dois navios de alto bordo (*Maurice* e *Henri Frédéric*) e dois iates (*Concord* e *L'Espérance*) para uma expedição de corso ao Pacífico. À frente dessa esquadra, cujo objetivo era atacar e saquear o maior número possível de possessões espanholas na região, estava o capitão Oliver Van Noort (1568-1611). O experiente navegador de Utrecht, que angariara respeito e renome no cumprimento de inúmeras missões náuticas, tornar-se-ia o primeiro marítimo da nação holandesa e o quarto do mundo – precedera-o Fernão de Magalhães, Francis Orake e Thomas Cavendish – a dar a volta ao globo terrestre.

As quatro embarcações lideradas por Noort zarparam do porto de Roterdam em 13 de setembro de 1598, rumando para a costa da Inglaterra e daí para a costa africana. No dia 6 de fevereiro de 1599, a frota avistou Cabo Frio e, no dia 9, lançou ferro na entrada da baía da Guanabara, onde, mal recebida, permaneceu por somente três dias.

Obra

NOORT, Olivier Van. *Description du penible Voyage fait entour de l'Vnivers ou Globe terrestre, par Sr. Olivier du Nort d'Vtrecht, General de quatre Navires, assavoir: de celle dit* Mauritius, *avec laquelle il est retoumé comme Admiral, l'autre de* Henry fils de Frederic *Vice-Admiral, la troisième dite la* Concorde, *avec la quatrième nommé* l'Espérance, *bien montées d'equipage de guerre & vivres, ayant 248 hommes en icelles, pour traversant le Destroict de* Magellanes, *descouvrir les costes de Cica, Chili & Peru, & y trafiquer, & puis passant les Molucques, & circumnavigant le Globe du Monde retoumer à la Patrie. Elles singlerent de* Rotterdame *1e 2 Juillet 1598. Et l'an 1601 D'Aout y tourna tant seulement la susdite navire* Mauritius. *Où sont deduites les estranges adventures, 2 pourtrait au vif en diverses Figures, plusieurs cas estranges à luy advenuz, qu'il y a rencontrez et veuz. Le tout translaté du Flamand en François, & à Service de ceux qui sont curieux se delectent de nouvelles remarquables et dignes de memoire.* Amsterdam: Cornille Nicolas, 1610.

Edição em português

TAUNAY, Afonso de Escragnolle. *Visitantes do Brasil Colonial (séculos XVI-XVIII)*. São Paulo, Rio de Janeiro, Recife, Porto Alegre: Companhia Editora Nacional, 1938, p.15-31 [Paráfrase do fragmento de Olivier Van Noort relativo ao Brasil].

NOORT, Olivier Van. *Description du penible Voyage fait entovr de l'Vnivers ov Globe terrestre...* In: FRANÇA, Jean Marcel Carvalho. *Visões do Rio de Janeiro Colonial: antologia de textos, 1531-1800*. Rio de Janeiro: José Olympio, 1999, p.24-7 [Fragmento relativo ao Brasil].

Andanças pelo Brasil colonial

Edição mais acessível na língua original

NOORT, Olivier Van. *Om de wereld: de eerste Nederlandse omzeiling van de wereld onder leiding van Olivier van Noort, 1598-1601*. Nijmegen: Sun, 1999.

Fragmento da narrativa

Na manhã do dia seguinte, veio até nós uma grande canoa, tripulada por sete ou oito homens, entre os quais um português, chamado Pierre Tacq, que falava um bom flamengo. Esse homem desembarcara na cidade em companhia do governador da Bahia e de mais 200 ou 300 soldados que o acompanhavam. Ele nos disse que tinha sido enviado pelo governador para descobrir que tipo de homens éramos. Respondemos que éramos flamengos e que desejávamos obter algumas frutas e provisões em troca de dinheiro ou mercadorias, ou seja, que desejávamos negociar com eles. Depois que o general se mostrou amigável, o português voltou para a praia prometendo que, tão logo desembarcasse, daria parte de tudo ao governador.

No dia 10, depois do meio dia, o mesmo Pierre Tacq voltou a bordo trazendo somente umas 50 ou 60 laranjas – demonstração evidente da má vontade do governador para conosco. O general e o Conselho de Guerra consideraram que a intenção dos portugueses era a de eternizar as negociações, intenção que foi confirmada por Tacq ao nos advertir de que, se não o prendêssemos a bordo, nada obteríamos da parte do governador. O general e o Conselho de Guerra resolveram, então, detê-lo no navio, juntamente com um mestiço e mais dois escravos que o acompanhavam.

Iconografia

Figura 7 – Baía da Guanabara e a vida do Rio de Janeiro (1599).

Esta gravura de autor desconhecido é a primeira imagem da pequem vila do Rio de Janeiro – composta de uma estranha fileira de casas ao goste das construções do norte da Europa – a circular pelo Velho Mundo. Próximos a um grande rochedo, possivelmente o Pão de Açúcar, dois hordas combatem, mas a fortificação, evidente na imagem, encontra-se do outro lado da baía, na futura Niterói. Pelo pouco contato, a expedição de Olivel Noort certamente não teve condições de explorar devidamente a geografia e, por isso, produziu uma Guanabara com várias imperfeições.

1601 – François Pyrard de Laval

Notas sobre a viagem e o viajante

Pouco se sabe sobre François Pyrard de Laval, autor da primeira narrativa francesa sobre as Índias Orientais, nem mesmo se era francês ou um dos muitos aventureiros de origem estrangeira que se engajaram na expansão marítima francesa. O marinheiro revela em seu relato que partiu do porto de Saint-Malo, em 8 de maio de 1601, em uma expedição que contava com duas embarcações, o *Croissant* e o *Corbin*, ambas armadas por uma companhia de comércio da cidade. As embarcações dobraram o cabo da Boa Esperança em dezembro, fizeram aguada em Camarões e aproveitaram as monções, no mês de junho, para cruzar o Índico. O *Corbin* naufragou, em julho, próximo às ilhas Maldivas e o aventureiro, sem rumo certo, deixou-se ficar por meia década no lugar. Antes de retomar para casa, Laval ainda residiu dois anos em Goa, servindo, inclusive, no exército português.

Em janeiro de 1610, porém, farto da vida no Oriente, o suposto francês pôs-se a caminho de casa. Depois de uma passagem pela ilha de Santa Helena, na costa africana, a embarcação em que viajava, em 8 de agosto de 1610, deu na Baía de Todos os Santos. Aí Laval teve dois meses para contatar alguns franceses e preparar-se para a longa jornada que ainda o esperava até o porto francês de La Rochelle.

Obra

PYRARD DE LAVAL. *Voyage de François Pyrard de Laval, contenant sa Navigation aux Indes Orientales, Maldives, Moluques, & au Brésil : & les divers accidens qui luy sont arrivez en ce Voyage pendant son sejour de dix ans dans ces Pais. Avec vne Description exacte des Moevrs, Loix, Façons de faire, Police & Gouvernement; du Trafic & Commerce qui s'y fait; des Animaux, Arbres, Fruits & autres singularitez qui s'y rencontrent. Divisé en Trois Parties. Nouvelle édition revué, corrigée & augmentée & sugmentée de divers Traitez & Relations curieuses. Avec des Observations Geographiques sur le présent Voyage, qui contiennent entr'autres, l'Estat present des Indes, ce que les Europeens y possedent, les diverses Routes dont ils se servent pour y arriver, & autres matieres. Par le Sieur du Vai, Geographe ordinaire du Roy.* Paris: Cherz Lewis Billaine, 1619.

Edição em português

PYRARD DE LAVAL. *Viagem de Francisco Pyrard, de Laval: contendo a notícia de sua navegação às Índias Orientais, ilhas de Maldiva, Maluco e ao Brasil, e os diferentes casos que lhe aconteceram na mesma viagem nos dez anos que andou nestes países (1601 a 1611) com a descrição exata dos costumes, leis, usos, polícia e governo; do trato e comércio, que neles há; dos animais, árvores, frutas e outras singularidades que ali se encontram.* Versão portuguesa correta e anotada por Joaquim Heliodoro da Cunha Rivara. Porto: Livraria Civilização, 1944.

TAUNAY, Afonso de Escragnolle. *Na Bahia Colonial 1610-1764*. Rio de Janeiro, 1925 [Paráfrase do fragmento de François Pyrard de Laval relativo ao Brasil].

Edição mais acessível na língua original

PYRARD DE LAVAL. *Voyage aux Indes Orientales (1601-1611)*. Paris: Chandeigne, 1998.

Fragmento da narrativa*

Mas não quero passar em silêncio sobre o que me aconteceu nesta cidade. Passeava um dia sozinho, vestido de seda, à portuguesa, mas à moda de Goa, que é diferente da moda de Lisboa e do Brasil, quando encontrei uma jovem escrava negra de Angola que me disse, sem apresentações e sem cerimônia, que não me preocupasse e a seguisse, pois ela me levaria a um homem de bem que queria ter comigo. Diante disso, detive-me um pouco pensando o que deveria fazer, se deveria ou não acreditar na palavra da rapariga. Por fim, resolvi acompanhá-la para ver o que ocorreria. Ela fez-me dar mil voltas e rodeios por ruas estreitas, o que, a cada passo, me punha em grande sobressalto e me fazia hesitar em seguir adiante. A rapariga, porém, dava-me coragem e tanto fez que acabou por me levar a um aposento muito bonito, espaçoso, bem mobiliado e decorado, onde não vi mais ninguém senão uma jovem dama portuguesa, que me acolheu mui bem e logo mandou preparar-me uma boa refeição. Vendo que o meu chapéu não era grande coisa, ela, com sua própria mão, tirou-o da minha cabeça e deu-me um outro novo, de lã da Espanha, com uma bela presilha, fazendo-me prometer que voltaria a visitá-la e prometendo-me que me auxiliaria e me daria prazer em tudo o que pudesse. Prometi e, realmente, visitei-a regularmente enquanto estive na cidade, e ela fez-me uma infinidade de cortesias e favores.

---

* O fragmento foi traduzido por Jean M. C. França.

Iconografia

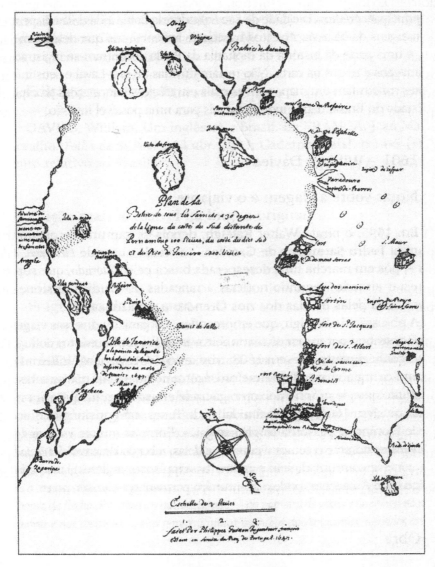

La Baie de Tous-les-Saints.
(Dessin de Ph. Guittau, 1647, BN Paris)

Figura 8 – A Baía de Todos os Santos.

A carta do livro de Laval reúne informações detalhadas da geografia do recôncavo baiano. Com precisão, ela indica as freguesias e as principais fortificações ao longo do litoral interior; fornece ainda a disposição das igrejas e dos principais prédios da cidade de São Salvador da Bahia e das vilas dispersas nas margens da baía. As ilhas, os bancos de areia, os rios que deságuam na baía, e uma parte da história da capitania da Bahia encontram-se registrados em imagens e textos na carta. Não restam dúvidas de que Laval e seus informantes construíam um mapa com as mais estratégicas informações da capital do Estado do Brasil, dados indispensáveis para uma possível invasão.

1601 – William Davies

Notas sobre a viagem e o viajante

Em 1595, o pirata Walter Raleigh, depois de capturar e torturar o espanhol Pedro Sarmiento de Gamboa – o citado autor de *Histórias dos incas* –, pôs em marcha uma desesperada busca pelo *Eldorado*, que supunha estar situado, segundo notícias arrancadas do erudito prisioneiro espanhol, lá pelas bandas dos rios Orenoco e Amazonas.

A obsessão de Raleigh, que empreendeu e organizou diversas viagens à região, acabou por tomar os marinheiros ingleses conhecedores do lugar. Foi tal conhecimento que, em 1608, trouxe ao rio Amazonas William Davies, um cirurgião natural de Hereford, acerca do qual mais não se sabe do que aquilo que ele próprio deixou registrado em sua narrativa. Relata-nos Davies que, em 1601, nas proximidades de Tunes, caiu prisioneiro do duque de Florença e passou a servir nas galés. Entre as muitas viagens que empreendeu durante o seu cativeiro, uma delas, a bordo do navio *Santa Lúcia* (que contava com um capitão e inúmeros tripulantes ingleses), teve como destino o rio Amazonas, onde o aventureiro permaneceu dez semanas.

Obra

DAVIES, William *A True Relation of the Trauailes and **most** miserable Captiuitie of William Davies, Barber-Surgeon of London, under the Duke of Florence. Wherein is truly set downe the manner of his taking, the longtime of his slauerie, and meanes* *of his deliuerie, after eight yeeres, and ten moneths Captiuitie in the Gallies. Discovering mayne Landes, Ilandes, Riuers, Cities, anel townes, of the Christians anel Infidels, the condition of the people, and the manner of their Countrey: with many more strange things, as in the Booke is briefely and plainely expressed. By William Davies, Barber-Surgeon of London, and borne Citie of Hereford.* London: Nicolas Bourne, 1614.

Edição em português

DAVIES, William. Um inglês vê o Brasil. In: FRANÇA, Jean Marcel Carvalho. *Folha de S. Paulo*, 13 abr. 2003, Caderno Mais!, p.14-5 [Fragmento relativo ao Brasil].

Edição mais acessível na língua original

Não há.

Fragmento da narrativa

Morria é uma pequena ilha localizada no rio Amazonas, na parte mais distante das Índias Ocidentais. O lugar é habitado somente por mulheres, não havendo mesmo um único homem entre elas. Todas andam completamente nuas e se servem do arco e flecha para caçar; seus cabelos são longos e seus seios um pouco caídos. Há quem, na Inglaterra, julgue que essas mulheres têm o seio direito murcho ou decepado; hoje não é assim, e desconheço se o foi no passado. Pude constatar isso ao ver 40, 50 ou 60 delas reunidas, todas com seus arcos e flechas nas mãos, caminhando pela praia; quando localizavam um peixe, disparavam uma flecha em sua direção, jogavam o arco no chão e mergulhavam rapidamente, trazendo para a praia o peixe espetado na ponta da flecha. Em diversos outros aspectos – na maneira de vestir e de comer, no modo de morar e nos costumes –, elas parecem imitar os índios do Amazonas, referidos acima.

Iconografia

Não há.

1614 – As narrativas da França Equinocial (Claude D'Abeville, Yves d'Evreux, Arséne de Paris e Louis de Pezieu)

Notas sobre a viagem e os viajantes

Em março de 1612, partiu do porto de Cancale, na Bretanha, com destino à Ilha do Maranhão, uma pequena frota de três navios (Régente, Charlote e Saint-Anne), comandada por um entusiasta da colonização francesa do Novo Mundo: Daniel de La Touche (senhor de la Ravardière), um nobre que, oito anos antes, andara pelas costas da Guiana em companhia do renomado navegador Jean Mocquet. Tinha, assim, início a *França Equinocial*, nova tentativa francesa, depois da traumática e malograda ocupação da Baía de Guanabara, de instalar uma colônia na América que se tornava portuguesa – agora no extremo norte da sua costa.

O empreendimento durou até 1615, quando os aventureiros, mal conduzidos por seu líder e desamparados por seu país, foram liquidados, juntamente com os indígenas seus aliados, pelas tropas portuguesas comandadas por Jerônimo de Albuquerque. Os detalhes de tal aventura, acerca da qual não restaram muitos documentos portugueses, ficaram conhecidos graças, sobretudo, às cartas e aos relatos deixados pelos padres capuchinhos Yves D'Evreux (diretor da missão), Claude d'Abeville, Louis de Pezieu, Arsene de Paris e Ambroise d'Amiens.

Obras

ABBEVILLE, Claude d'. *L'Arrivée des peres capvcins en l'Inde Nouvelle, appelée Maragvon, Avec la reception que leur ont faict les Sauuages de ce pays, & la conuersion d'iceux à nostre Saincte Foy. Declarée par une lettre que R. P. Clavde D'Abbeville Predicateur Capuçin, enouye à Frere Martial, pareillement Capuçin, & à M. Foullon ses Freres.* Paris: Abraham Le Febvre, 1612.

_____. *Histoire de la Mission des Peres Capvcins en l'Isle de Maragnan et terres circonuoisines, ov est traicte des singularitez admirables & des Meurs merueilleuses des Indiens habitants de ce pais Avec les missiues et aduis qui ont este enuoyez de nouueau. Par le R. P. Claude d'Abbeville Predicateur Capucin. Praedicabitur Evangelium Regni In universo orbe. Mat. 24. Avec privilege du Roy.* Paris: Imp. de F. Huby, 1614.

Andanças pelo Brasil colonial

D'EVREUX, Yves. *Voyage dans le nord du Bresil fait durant les annees 1613 et 1614 par le pere Yves d'Evreux.* Leipzig & Paris: A. Franck, 1864.

PEZIEU, Louis de. *Brief Recveil des particvlaritez contenves avx lettres enuoyees, par Monsieur de Pezieu, à Messieurs ses parents & amis de France. De l'Isle de Marignan au Brezil, où il est encore à present, Pour le seruice de Sa Majesté Tres Chrestienne Lovys XIII, par la Grace de Diev, Roy de France & de Nauarre.* Lyon: Jean Poyet, 1613.

Edições em português

ABBEVILLE, Claude d'. *História da missão dos padres capuchinhos na Ilha do Maranhão e terras circunvizinhas.* Apresentação de Mario Guimarães Ferri, trad. Sérgio Milliet. Belo Horizonte: Itatiaia, 1975.

D'EVREUX, Yves. *Viagem ao norte do Brasil.* Rio de Janeiro: Freitas Bastos, 1929.

Edições mais acessíveis na língua original

ABBEVILLE, Claude d'. *Histoire de la mission des peres capucins en l'isle de Maragnan et terres circonvoisins.* Introdução de Alfred Metraux e Jacques Lafaye. Graz: Akademische Druck-und Verlagsanstalt, 1963.

D'EVREUX, Yves. *Voyage au nord du Brésil fait en 1613 et 1614.* Paris: Payot, 1985.

Fragmentos das narrativas[*]

... No domingo seguinte, pusemos os pés em terra borrifando água benta e cantando o Te Deum laudamus, o Veni Cerato e as ladainhas de Nossa Senhora. Findada a cantoria, seguimos em procissão do ponto de desembarque ao local que havíamos escolhido para colocar uma cruz, a qual foi carregada pelo senhor de Rasilly e por todos os principais de nossa companhia. Uma vez abençoada a

---

[*] Os fragmentos das obras de Abbeville, Louis de Pizien e Yves D'Evreux foram traduzidos por Jean M. C. França.

terra, o senhor de Rasilly e o senhor de Ravardiere batizaram-na de terra de Santa Ana, em virtude de termos aí aportado no dia da referida santa bem como de a condessa de Soissons, parente do senhor de Rasilly, ter esse nome. O terreno em que a cruz seria fixada foi devidamente abençoado e ao pé dela enterramos um pobre homem da companhia, tanoeiro de profissão. (Claude d'Abeville)

Durante os 4 meses em que permanecemos aqui, conseguimos aprender algumas coisas sobre os costumes deste povo e sobre a fertilidade da terra. As pessoas são todas naturalmente muito dóceis e, desde que se não os pressione, escutam e são interessados em conhecer acerca do que nada sabem. Todavia, detestam ser contrariados, são muito violentos e cultivam diversos maus costumes sugeridos pelo diabo, costumes que prometem abandonar, mesmo aquele de comer os seus inimigos, o que fazem muito mais para exercer uma cruel vingança contra estes do que por apuro do gosto. Amam sobremaneira a guerra e nada lhes dá maior prazer do que falar acerca dela; os mais velhos exortam os mais novos à vingança. Quando um espinho ou uma outra coisa qualquer machuca-os, arrancam-no da carne e imediatamente metem na boca.

Embora tivessem prometido não mais matarem os seus inimigos, tudo foi por água abaixo em razão de um dos principais deles, que prontamente se comprometera a abrir mão deste hábito nefando e que, como prova de sua boa vontade, mandara batizar todos os seus filhos e instruía-se ele próprio, com o fim de futuramente ser batizado. Ocorreu que, estando ele um dia muito embriagado, vieram lhe dizer que uma de suas escravas estava se encontrando com um homem de sua nação. Imediatamente, ele ordenou que um de seus filhos a espancasse até a morte. Ordem dada, ordem cumprida: como de costume, a mulher foi desmembrada e os pedaços distribuídos a todos. Dirigimo-nos ao local para puni-lo, mas o homem clamou por misericórdia, alegando que estava bêbado e prometendo que jamais voltaria a fazer tal coisa e que impediria os que tentassem fazer. Todos desaprovaram a ação desse homem, desaprovaram menos por acreditarem de que se tratava de uma maldade e mais porque tinham nos prometido que não mais iriam incorrer nesse erro. Por pouco, o acidente não os levou a sair da ilha. (Louis de Pezieu)

A terra é vigorosa, fértil e muito ... estável para o plantio. Disseram-me que se poderia obter aí 2 colheitas anuais. As árvores da região são de tamanho avantajado, estão sempre verdes até o topo e contam com madeiras excelentes, seja pela cor, seja pelas suas propriedades medicinais. (Yves d'Evreux)

Iconografia

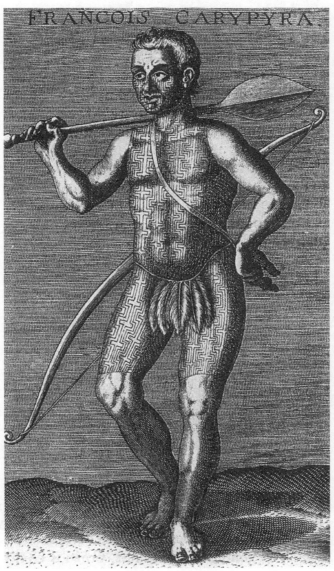

Figura 9 – François Carypyra (índio do Maranhão).

Figura 10 – Louis Henri (índio cristão).

De modo geral, as xilogravuras de Leornard Gaultier, com cerca de 14 x 8 cm, abordam a conversão dos indígenas da Ilha do Maranhão e buscam representar os gentios ora seminus, ornados com tatuagens, arcos e bordunas, ora vestidos ao modo cristão. As ilustrações pretendem destacar o contraste entre os gentios selvagens e os cristianizados.

Temas de algumas ilustrações:

Frontispício [papa, monge e personificação da Igreja]
[elevação de uma cruz pelos beneditinos na Ilha do Maranhão]
François Carypyra [indígena tabajara da Ilha do Maranhão, denominado François Carypyra]
Jacques Patova [indígena da Ilha do Maranhão, denominado Jacques Patova]
Antoine Manen [indígena itapouocou tupinambá da Ilha do Maranhão, batizado Antoine Manen]
Louis Marie [indígena itapoucou tupinambá da Ilha do Maranhão batizado Louis Marie]
Louis Henri [indígena da Ilha do Maranhão, nomeado Ouaroyio Topinamba e batizado Louis-Henry]
Louis de St-Jehan [indígena da Ilha do Maranhão, nomeado Iapouay e batizado Louis de Saint. Jean]

1617-1619 – Dierick Ruyters

Notas sobre a viagem e o viajante

Não é muito o que se conhece sobre o piloto e cartógrafo batavo Dierick Ruiters. Sabe-se, pela pena do próprio navegador, que se manifestou precocemente o seu gosto pela vida marítima. A sua primeira passagem pelo Brasil, no entanto, a fazer fé no requerimento que sua esposa encaminhou aos Estados Gerais, em 1618, foi fortuita. Diz o documento que o piloto Ruiters viajava em um navio de nome *Blauwen Meeu,* que essa embarcação se desviara de sua rota e que o marujo fora capturado ao desembarcar na costa brasileira *para beber água.*

Se tais alegações são verdadeiras, não se pode dizer ao certo, o fato é que, em meados de 1617, o piloto perambulava pelo litoral de Angra dos Reis e, depois de ser detido com mais dois companheiros por uma partida de portugueses e índios, foi levado para o Rio de Janeiro. Ruiters permaneceu trinta meses no Brasil. Do Rio de Janeiro, onde ainda se encontrava em 1618, foi conduzido por mar para Pemambuco e daí, não se sabe como, conseguiu evadir-se e retomar para a Holanda.

Obra

RUYTERS, Dierick. *Toortse der Zeevaert, om te beseylen de custen geleghen bezuyden den Tropicus Cancri, als Brasylien, West-Idien, Guinea, Angola, etc. deur eyghen ervarentheyt en andere behulpselen in't licht gebracht.* Vlissinghen: M. Az. v. d. Nolck, 1623.

Edição em português

RUYTERS, Dierick. A tocha da navegação. *Revista do Instituto Histórico e Geográfico Brasileiro,* v.269, p.3-84, out./dez. 1965.

_____. "Toortse der sel vhent". In: *Outras visões do Rio de Janeiro colonial (1582-1808).* Rio de Janeiro: José Olympio, 2000. [Fragmento relativo ao Rio de Janeiro.]

Edição mais acessível na língua original

RUYTERS, Dierick. *Toortse der zee-vaert.* 'S-Gravenhage: Martinus Nijhoff, 1913.

Fragmento da narrativa

A cidade que os portugueses chamam de Rio de Janeiro está construída a cerca de duas léguas do mar, na margem oeste de uma baía meio redonda, sobre um terreno plano, cercado de ambos os lados por montanhas. A sua disposição é tal que dificilmente pode-se percorrê-la de cumprido em meia hora, mas de largura não se contam mais do que 10 ou 12 casas. Em 1618, as ruas ainda não eram pavimentadas e andava-se com areia até pelos tornozelos. A cidade, então, não contava nem com portas, nem com cercas fortificadas, nem com muralhas.

Iconografia

Não há.

1618-1619 – Bartolomé Garcia de Nodal e Gonçalo de Nodal

Notas sobre a viagem e os viajantes

Naturais de Pontevedra, na Galiza, os irmãos Nodal não se furtaram às tradições de sua região e, desde muito cedo, dedicaram-se às lides marítimas. O primogênito, Bartolomé, nascido em 1574, começou a servir nas naus de Sua Majestade com dezesseis anos. Gonçalo, quatro anos mais novo, começou a singrar os mares com doze anos e por diversas vezes serviu ao lado do irmão.

Em 1618, esses experimentados marinheiros, juntamente com um selecionado grupo de pilotos e um experiente cartógrafo, foram convocados pela Coroa espanhola para empreender uma viagem exploratória à Terra do Fogo, uma viagem destinada a procurar uma passagem segura para os Mares do Sul e a efetuar o reconhecimento do Estreito de Magalhães.

As embarcações, duas bem armadas caravelas de 80 toneladas, partiram de Lisboa em 27 de setembro de 1618. Depois de passarem pelas Canárias e pela ilha de São Tiago (Cabo Verde), as caravelas rumaram para a cidade do Rio de Janeiro, lançando âncora na Baía de Guanabara em 15 de novembro de 1618 e aí permanecendo até 1º de dezembro.

Obra

NODAL, Bartolomé Garcia de, NODAL, Gonçalo de. *Relacion del viaje que por orden de su Magd. y acuerdo dei Real Consejo de Indias. Hizieron los Capitanes Bartolome Garcia de Nodal, y Gonçalo de Nodal hermanos, naturales de Ponte Vedra, al descubrimiento del Estrecho nuebo de S. Vicente, y reconosimj° del de Magallanes. A Don Fernando Carrillo Cauallero del abito de Santiago. Presidente en el mismo Consejo.* Madrid: Fernando Corrêa de Montenegro, 1621.

Edição em português

NODAL, Bartolomé Garcia de; NODAL, Gonçalo de. *Relation del Viaje que por Orden de su Mad. y Acuerdo del Real Consejo de Indias Hizieran...*

In: FRANÇA, Jean Marcel Carvalho. *Visões do Rio de Janeiro Colonial: antologia de textos, 1531-1800*. Rio de Janeiro: José Olympio, 1999, p.28-33 [Fragmento relativo ao Brasil].

Edição mais acessível na língua original

Não há.

Fragmento da narrativa

No dia 24 de novembro, sábado, Martim de Sá, um cavalheiro da Ordem de Cristo, retornou de sua fazenda. Vinha com ele, além de seu filho, Salvador Corrêa de Sá, cavaleiro da Ordem de Santiago, alguns outros cavalheiros, dois frades Beneditinos e mais de 40 índios remadores. Quando nos viu, ele veio de encontro ao nosso navio, subiu a bordo e nos ofereceu, em nome de Sua Majestade, dinheiro e tudo o mais o que precisássemos. Depois, dirigindo-se aos marujos, estimulou-os a empreender a viagem da melhor maneira, acrescentando que, se alguém tencionava ficar em terra sem autorização, não o fizesse em hipótese alguma, pois mal os navios partissem, ele pessoalmente iria caçar os desertores, capturá-los e enforcá-los sem piedade. Destacou, por fim, que seria impossível aos que ficassem encontrar esconderijo seguro onde quer que fosse, pois os gentios que atuavam sobre seu comando tratariam de encontrá-los. Esse Martim de Sá é um homem de muito valor e extremamente temido; todos na terra o tratam por Senhor.

Iconografia

Não há.

1623 – Johannes Gregorius Aldenburgk

Notas sobre a viagem e o viajante

Um dos primeiros livros derivados da crescente presença dos holandeses no Brasil é *Relação da conquista e perda da cidade do Salvador pelos holandeses em 1624-1625*, publicado em Coburg, na Baviera. O autor era um tal Johannes Gregorius Aldenburgk, soldado alemão que vendera seus serviços para o Exército batavo e passara três anos pelejando no Brasil (1623-1626), nomeadamente na Baía de Todos os Santos, onde participou da tomada e da perda da cidade pelos holandeses. É a narrativa desta aventura que Aldenburgk oferece ao leitor em sua narrativa.

Obra

ALDENBURGK, Johann Gregot. *West-Indianische Reisse und Beschreibung der Belag-und Eroberung der Statt S. Salvador in der Bahie von Todos os Sanctos inn dem Lande von Brasilia. Welches von Anno 1623 bis ins 1626 verrichtet worden. Durch Iohann Gregor Aldenburgk.* Verlegung: Friderich Grüners Buchhandlers, 1627.

Edição em português

ALDENBURGK, Johannes Gregorius. *Relação da conquista e perda da cidade do Salvador pelos holandeses em 1624-1625*. São Paulo: Revista dos Tribunais, 1961.

Edição mais acessível na língua original

Não há.

Fragmento da narrativa

Em primeiro lugar, está situada esta Bahia ou Pôrto de Todos os Santos, bem como a cidade de S. Salvador, na Índia Ocidental, aos 13° de latitude sul, a 100 milhas indianas ou 50 alemãs de Pernambuco. É a capital do Reino do Brasil, na qual residem o vice-rei espanhol, um arcebispo e o ouvidor geral de tôda a justiça brasileira. É muito populosa e consta de 3 cidades. A primeira acha-se junto à entrada da barra e chama-se cidade velha por ter sido edificada inicialmente nesta região. A outra denomina-se S. Salvador, tendo sido construída pelo espanhol Tomé de Sousa. A terceira apelida-se Paripe; nela há muitos engenhos de açúcar; seus habitantes sustentam-se, em grande parte, da cultura do algodão, sobremodo abundante na região. A cidade de S. Salvador tem cinco igrejas, afora o Colégio dos Jesuítas. A baía ou pôrto mede 3 milhas de largura e 15 de comprimento até o mar aberto; contém muitas ilhas, onde abunda o algodão. Os moradores utilizam-se de pequenas embarcações ou navios, nos quais transitam dum lado para outro. A profundidade do pôrto é de 18 braças, estendendo-se o mesmo em direcção noroeste. À entrada, num terreno sêco, em um ângulo para sudeste, fica postada poderosa fortaleza, chamada Santo Antônio. Sopram ventos violentos por ocasião das borrascas, necessitando os navios de boa direcção para poder penetrar.

Iconografia

Não há.

1630-1654 – Holandeses no Brasil

O interesse dos holandeses pelo Brasil data de muito antes da invasão de Pernambuco, em 1630. Por anos, eles recolheram informações indispensáveis ao sucesso da conquista. Mas, de fato, a produção escrita sobre o novo território multiplicou-se somente depois da ocupação, pois era imprescindível para atrair investimentos incentivar o comércio, promover as ciências e as artes – por meio do conhecimento da natureza e da geografia – e exaltar os feitos militares e administrativos do Brasil Holandês.

A) Geografia e História Natural (Adriano Verdonck, Adriaen van der Dussen, Gedoen Morris de Jonge, Elias Herckmans, Johannes Nieuhof, Johannes van Walbeeck e Hendrik de Moucheron Roulox Baro, George Marggraf e Willem Piso)

Notas sobre as viagens e os viajantes

Depois de 1630, alguns exploradores percorreram o domínio holandês para melhor conhecer suas comunidades indígenas e potencialidades econômicas, sobretudo os engenhos e as lavouras de cana-de-açúcar. O brabatino Adriaen Verdonck visitou Pernambuco, Itamaracá, Paraíba e Rio Grande, em 1630, e Adrian van der Dussen esteve nas mesmas capitanias em 1638. Gedoen Morris de Jonge percorreu Maranhão, Ceará, Cametá e Grão-Pará, em 1637. Poeta, historiador e governador da Paraíba, Elias Herckmans (1596-1644) escreveu, em 1639, sobre essa capitania e registrou informações sobre a geografia, lavouras, estado das igrejas, conventos, vilas e organizações administrativas. Juntos Johannes van Walbeeck e Henri Moucheron visitaram e escrevam sobre as riquezas de Alagoas em 1643. Roulox Baro foi intérprete, embaixador ordinário da Companhia das Índias Ocidentais e autor de uma relação da viagem ao país dos tapuias (1647), de onde forneceu valiosas observações sobre a cultura material e social dos índios radicados no sertão do Nordeste.

George Margraff e Willem Piso realizaram um extraordinário inventário da natureza e produziram a mais importante obra científica sobre o Brasil até o século XIX. Margraff (1610-1644) era naturalista alemão com formação em Matemática, história natural, Astronomia e medicina. A partir de 1638, participou de expedições em Pernambuco, na Paraíba e no Rio Grande, além de realizar as primeiras observações astronômicas na América e escrever boa parte da *Historia Naturalis Brasiliae*, obra publicada por Willem Piso, depois de sua morte, ocorrida em Luanda. Piso (1611-1678) era médico e naturalista, formação que impulsionou os seus estudos sobre a fauna e a flora local, e sobre o emprego destas na cura de doenças tropicais.

Zacharias Wegeber deixou Dresden, sua cidade natal, aos vinte anos e engajou-se, em 1634, como mercenário na Companhia das Índias Ocidentais. Em Pernambuco, atuou como escrivão-mor e depois despenseiro do conde Maurício de Nassau. Em seu "Thierbuch" (livro de animal) ou "Zoobiblion", ele descreve e desenha a fauna, a flora e os habitantes do Brasil Holandês. Diferentemente de Margraff e Piso, Wagener não tinha formação acadêmica e tencionava divulgar as maravilhas do Novo Mundo para o público leigo.

Johan Nieuhof era, inicialmente, agente da Companhia das Índias Ocidentais, depois integrou-se à Companhia das Índias Orientais. Como funcionário desta, percorreu a atual Indonésia, o Ceilão e a China e narrou suas aventuras em um relato de viagem que se tornou célebre.

Descreveu a história do Brasil Holandês, entre 1640 e 1649, e enfatizou a resistência luso-brasileira após o retorno de Maurício de Nassau à Holanda. De fato sua narrativa fornece informações valiosas sobre a geografia, a história natural, os índios e os negros de Pernambuco.

Obras

BARO, Roulox. Relation du voyage de Roulox Baro in: *Relations vêritable et curieuses de l'île de Madagasgar et du Brésil*. Paris: Chez Augustin Courbé, 1651.

NIEUHOF, Johan. *Gedenkweerdige Brasiliaense Zee-en Lant-reize. Behelzende Al hetgeen op dezelve is voorgevallen. Beneffens Een bondige beschrijving van gantsch Neerlants Brasil, Zee van lantschappen, steden, dieren, gewassen, als draghten, zeden en godsdienst der inwoonders: En inzonderheit Een wijtllopig verhael der merkwaardigste woorvalen en geschiedenissen, die zich, geduurende zijn negenjarigh verblijf in Brasil, in d'oorlogen en opstand der Portugesen tegen d'onzen zich sedert het jaer 1640. tot 1649 hebben toegedragen. Doorgaens verçiert met verschide afbeeldinge, na' t leven aldaer getekent.* Amsterdam: Voor de Weduwe van Jacob van Meurs, op de Kelzers-gracht, 1681.

PISO, Willem. *Historia naturalis Brasiliae, Auspicio et Beneficio Illustriss. I. Mauritii Com. Nassau illius Provinciae et Maris summi Praefecti adomata. In qua non tantum Plantae et Animalia, sed et Indigenarum morbi, ingenia et mores describuntur et Iconibus supra quingentas illustrantur. Lugdun.* Batavorum: Apud Franciscum Hackium, et Amstelodami, apud Lud. Elzevirium, 1648.

_____. *De lndiae Utriusque re Naturali et Medica Libri Qvatvordecim, Quorum contenta pagina sequens exhibet.* Amstelaedami: Apud Ludovicum et Danielem Elzevirios, 1658.

Edições em português

DUSSEN, Adrien van der. *Relatórios sobre as capitanias conquistadas no Brasil pelos holandeses (1639)*. Rio de Janeiro, 1947.

HERCKMANS, Elias. *Descrição geral da Capitania da Paraíba*. Apresentação e atualização ortográfica de Wellington Aguiar. Notas de Marcus Odilon Ribeiro Coutinho. João Pessoa: A União, 1982.

JONGE, Gedeon Morris de. Relatórios e cartas de Gedeon Morris de Jonge no tempo do domínio holandês no Brasil. *Revista do Instituto Histórico e Geográfico Brasileiro*, t.58, 1895, p.237-317.

MARGRAFF, Georg. *História natural do Brasil*. Trad. Mons. dr. José Procopio de Magalhães, edição do Museu Paulista comemorativa do cinquentenário da fundação da Imprensa oficial do estado de São Paulo. São Paulo: Imprensa Oficial do Estado, 1942.

MOREAU, Pierre & BARO, Roulox. *História das últimas lutas no Brasil entre holandeses e portugueses e relação da viagem ao País dos Tapuias*. São Paulo: Edusp; Belo Horizonte: Itatiaia, 1979.

NIEUHOF, Johannes. *Memorável viagem marítima e terrestre ao Brasil*. Belo Horizonte: Itatiaia; São Paulo: Editora da Universidade de São Paulo, 1981.

PISO, Guilherme. *História natural e médica da Índia Ocidental, em cinco livros*. Rio de Janeiro: INL, 1957.

VERDONCK, Adriaen. "Memória oferecida ao Senhor Presidente e mais senhores do Conselho desta cidade de Pernambuco sobre a situação, lugares, aldeias e comércio da mesma cidade, bem como de Itamaracá, Paraíba e Rio Grande (1630)". Trad. José Antônio Gonsalves de Mello. *Revista do Arquivo Público (Recife)*, 4(6):611-28, 1949.

WAGENER, Zacharias. *O "Thierbuch" e a "Autobiografia" de Zacharias Wagener*. Rio de Janeiro: Index, 1997.

WALBEECK, Johannes van, MOUCHERON, Hendrik de. Relatório sobre o estado das Alagoas em outubro de 1643. *Revista do Instituto Arquelógico, Histórico Geográfico Pernambucano (Recife)*, n.33, 1887, p.153-65.

Edição mais acessível na língua original

Não há.

Fragmentos das narrativas

Os portugueses senhores de engenho, em conseqüência da guerra, perderam muito dos seus bens, empobreceram e incapacitaram para restaurar os seus enge-

nhos, mas graças aos créditos liberais facilitados pelos mercadores holandeses, puderam levantar-se com o que se beneficiou a Companhia [das Índias Ocidentais], pagam sem pontualidade, sendo necessário que os comerciantes insistam pelo pagamento. (Adrien van der Dussen)

Como este povo anda nu, segundo fica dito, não se pode distinguir o rei e os maiores senhores pela excelência dos vestidos, mas somente pelo cabelo e pelas unhas dos dedos. O cabelo do rei é cortado na cabeça como uma coroa, e em ambos os polegares ele traz as unhas compridas, o que, fora ele, ninguém mais pode trazer. Os seus amigos e capitães têm as unhas compridas em todos os dedos, exceto nos polegares, cujas unhas cortam rente para não minguar a honra do rei. Quanto ao mais, é entre eles mais honrado quem tiver as unhas dos dedos mais compridas. (Elias Herckman)

Também é certo que há toda a aparência da existência de minas de ouro e prata nesses lugares descobertos [Maranhão], que, a não ser assim, devemos ter por falsas as asserções de tantas pessoas fidedignas, assim Portugueses como Holandeses. Se VV.SS. quiserem interrogar muitas pessoas que de lá vêm, verão que unanimemente e como por uma só boca afirmarão que na verdade lá existem minas de ouro e prata, principalmente minas de prata, de que eu mesmo tive várias vezes boa amostra vendo e tratando o mineral... (Gedoen Morris de longe)

Cortei uma fêmea [do bicho preguiça] viva, que trazia em si um feto inteiramente perfeito e observei o seguinte: o coração conservava, depois de separado do corpo, um movimento fortíssimo por meia hora; a placenta uterina constava de muitas partículas cavernosas, como substância de rim, rubicundas, de variado tamanho, como favas; aquelas partículas cavernosas (eram ligadas entre si por tênues membranas) traziam anexos, por muitas ramificações, vasos umbilicais. O feto achava-se encerrado no âmbito, como sucede nos demais animais, e continha cabelos, dentes, unhas, em suma, era perfeito. (George Margraff)

No dia seguinte, os feiticeiros chegaram junto de nós e reduziram a pó certas sementes de corpamba, que tinham torrado numa panela; depois de mistura-las com água, engoliram-nas. Imediatamente essa beberagem saiu-lhes pelo nariz e pela boca e eles se agitaram como possessos. Disseram-me que celebravam esta cerimônia a fim de que o seu milho, ervilhas e favas pudessem amadurecer bem depressa. (Roulox Baro)

Facilmente se deduz que o veneno das serpentes se oculta na cabeça, porque servem de alimento aos íncolas [índios] ofiófagos, amputando-se-lhes a cabeça: acontece-lhe ao contrario, quando provam a mínima parte da cabeça ou certas vísceras. Costumam guardar as cabeças para remédio externo contra as mordeduras das serpentes. Como logo se demonstrará. Como se não houvesse nenhum veneno tão atroz, criado por Deus, que não fornecesse liberal auxílio na medicina e os próprios répteis, no seu perpétuo rastejar, ampliassem a majestade do Criador. (Willen Piso)

Dada a sua cômoda e vantajosa situação, o Recife é a praça mais forte do Brasil. Além disso é fortificada e defendida por várias fortalezas adjacentes. Entretanto, para dar ao leitor uma impressão mais exata tanto do Recife como da situação da Cidade Maurícia, é preciso que se diga que toda a costa do Brasil, de um extremo a outro, é guarnecida por uma longa e espessa franja de rochedos rasos que, nalguns pontos, chegam a ter de 10 a 20 e, nalguns lugares, 30 passos de largura. Há, contudo, certas passagens nessa barreira, pelas quais os navios podem se aproximar de terra, e há mesmo alguns pontos em que ela não se encontra de todo à flor d 'água. Assim, a uma légua do lado de cá do Rio Doce e a duas léguas ao norte da cidade de Olinda, não se vê traço algum desse recife. Começa, porém, ele a aparecer de novo perto de Pau-Amarelo ou Poxamardo e estende-se para a ilha de Itamaracá. Entre essa franja de pedra e o continente pode-se passar de bote na maré alta. Durante a vazante, a maioria desses rochedos aflora à superfície do mar até que volte a cheia para cobri-los de novo.

Os rochedos que se acham em frente ao Recife de Pernambuco, de 25 a 30 passos de largura, estão sempre cobertos pelo mar seja qual for a maré. São muito chatos, sem proeminência alguma e se estendem por uma légua, de sul e norte. Na extremidade norte, a 500 passos do Recife, há uma abertura pela qual os navios se aproximam da terra. Todavia, essa passagem é muito estreita e, mesmo na mais alta maré, sua profundidade jamais excede de 22 pés.

Entre esse colar de rocha e o continente se estende para o sul de Olinda, com uma légua de comprimento e cerca de 200 passos de largura, uma espécie de restinga de areia. É comumente denominada pelos portugueses Recife de Areia, para distinguir do Recife de Pedra.

Sobre a ponta sul dessa ilhota os portugueses edificaram, a uma milha ao largo de Olinda, uma aldeia a que chamaram de Povoação, que significa Povoado, e que veio a ser mais tarde o Recife. Foi muito populosa, por longo tempo, até a fundação da Cidade Maurícia, na ilha de Antônio Vazo Tendo Olinda sido posteriormente abandonada por seus habitantes e por nós destruída, muitos deles, especialmente os comerciantes, estabeleceram-se no Recife ou na aldeia de Povoação, onde levantaram magníficas construções. Quando foi de nosso primeiro desembarque, lá encontramos mais de 200 casas. Entre os quais se notavam edifícios excelentes. Tratamos de cercá-la com paliçadas do lado do rio Beberibe, que é vadeável na maré baixa, e, para maior segurança, fortificamo-la com três bastiões, um voltado para Olinda, outro para o porto e o terceiro para o Rio Salgado, cada um deles aparelhado com uma boa bateria de três grandes canhões. O Recife fica a 8 graus e 20 minutos de latitude sul. (Johannes Nieuhof)

O pau-brasil que anualmente vem dessa Mata do Brasil é em grande quantidade e ali há também em abundância gado, carneiros bodes, muitos porcos, perus, galinhas e tanta caça que causa admiração, afora toda casta de animais que ali se dão muito bem, pelo que há ali muitos víveres, porque é a terra muito produtiva e aonde os portugueses semeiam e plantam num espaço de 20 milhas de comprido sobre tantas de largo. Nessa Mata do Brasil podem morar ao todo 150 a 200 homens, pouco mais ou menos; ali também fazem muitas farinhas e colhem fumo, grande quantidade de milho, feijão, favas e toda sorte de frutos. (Adriaen Verdonck)

Tatú. É desta forma chamado pelos brasileiros; os holandeses, todavia, dão-lhe o nome de porquinho-de-ferro, *porque é revestido de uma pele dura como ferro. Vive em buracos cavados na areia embaixo dos montes e tem mais ou menos o tamanho de um castor. Depois de morto e assado* mo *espeto, é extremamente saboroso como alimento.* (Zacharias Wagener)

Os holandeses e os súditos de outras nações, que se passam para o Brasil afim de estabelecer aqui a sua residência, são ordinariamente pessoas de pouca fazenda, e as mais das vezes, o seu feito é vender a retalho algumas mercadorias, estabelecer taverna, ou exercer algum ofício, e poucos são os que nos engenhos se ocupam com a criação de animais, plantações de cana ou cultura das terras. Do pequeno número que a isto se tem dedicado, quase que nenhum há que tenha tirado proveito não só por falta de conhecimento do trabalho que empreendem, como principalmente porque, sendo no Brasil as mercadorias européias mais caras, a agricultura não pode dar frutos, que lhes permitam manter-se devidamente conforme a condição (que tinham) em sua pátria. (Johannes van Walbeeck e Hendrik de Moucheron)

Iconografia

Figura 11 – Frontispício do livro *História Natural do Brasil*.

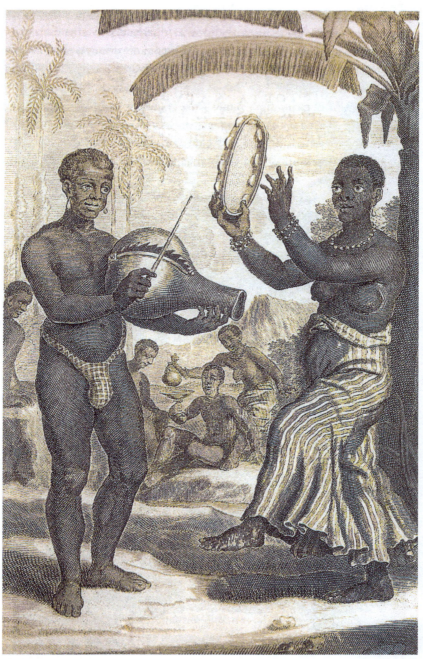

Figura 12 – Negros.

As obras de Margraf e Piso são ilustradas com centenas de gravuras de plantas, animais e povos do Brasil Holandês. As imagens atuam de modo a completar as descrições realizadas pelos naturalistas. A natureza americana era tão singular que somente os recursos textuais não eram suficientes para expressar as novidades reunidas pela "missão científica" financiada e apoiada pelo conde João Maurício de Nassau. Embora não fosse naturalista, Zacharias Wagener seguiu esse mesmo princípio ao desenhar aspectos da cultura e natureza do Novo Mundo. Suas 110 pranchas registram o desconhecido de forma muito original, embora sem o devido aprofundamento, sem a pretensão teórica encontrada na *História Natural* seiscentista. A narrativa de viagem de Johan Nieuhof foi ilustrada com onze imagens, compostas de plantas da vila de Olinda, Recife e Antônio Vaz, e representações de répteis, aves, mamíferos, insetos, frutas, índios tupis e tapuias. As ilustrações pretendem, por certo, complementar as informações contidas na narrativa.

B) *História do Brasil Holandês* (Johannes Baers, Jan Blaer, Matheus van den Broeck, Johann Pierre Moreau, Cuthbert Pudsey, Ambrosius Richshoffer, Vicente Joaquim Soler)

Notas sobre as viagens e os viajantes

O período entre 1630 e 1654 é marcado por inúmeros combates entre holandeses e a resistência luso-brasileira. A movimentação das tropas, a conquista paulatina do território e as alianças entre invasores e índios constituem tema de vários escritos que tornaram possível a preservação da memória das guerras de Pernambuco. Nestes episódios, participaram intensamente não apenas soldados provenientes dos Países Baixos. Alistavam-se como mercenários pela Companhia das Índias Ocidentais homens provenientes de vários reinos do norte da Europa, particularmente das atuais Inglaterra, Espanha, França, Alemanha e Polônia. Esses testemunhos eram sobretudo militares, mas não deixaram de registrar os costumes das populações locais e as singularidades da natureza americana.

Testemunho ocular da tomada de Olinda, em 1630, o capelão e reverendo Johannes Baers (Gand, 1580-1653) descreveu o evento e dedicou à Companhia das Índias Ocidentais, responsável por planejar e financiar a guerra. Proveniente de Utrecht, Jan Blaer veio ao Brasil, em 1629, como capelão de uma expedição militar; seus escritos, porém, referem-se a um período muito posterior, referem-se a 1645, quando visitou Palmares e descreveu os combates contra os escravos fugitivos, os mocambos e os costumes das comunidades negras. Matheus van den Broeck narrou as lutas entre holandeses e luso-brasileiros, travadas entre 1645 e 1646. Capturado em combate, ele foi conduzido como prisioneiro à Bahia e depois a Lisboa. Johann Pierre Moreau alistou-se pela Companhia para lutar contra os pernambucanos. Por ser aventureiro e francês, escreveu obra original, repleta de dados capazes de explicar os motivos para a revolta dos luso-brasileiros e de fazer de seu relato um dos mais importantes testemunhos da guerra de restauração.

Os manuscritos do inglês Cuthbert Pudsey foram comprados pela Biblioteca Nacional em 1947, mas a sua edição é recentíssima. Nos primeiros fólios descreve os engenhos de açúcar e a sociedade pernambucana, sobretudo os casamentos entre mulheres católicas e homens protestantes, entre franceses e índias. Suas páginas, porém, narram, com detalhes, a conquista da Paraíba (1635) e demais embates em Pernambuco antes de sua partida para as Antilhas. Pudsey voltou ao Brasil entre 1640 e 1641 e, em seguida, regressou à Holanda. Natural de Estrasburgo, Ambrosius Richshoffer estava na armada holandesa que atacou Pernambuco em 1630, onde permaneceu dois anos. Mas somente mais tarde descreveu esses eventos, publicando sua narrativa em 1677. Vicente Joaquim Soler (c. 1590-1665) era para uns um religioso francês convertido ao protestantismo; para outros, porém, era valenciano (espanhol) e agostiniano, convertido ao calvinismo na França. Em Pernambuco, depois de 1636, atuou ativamente na conversão de católicos ao protestantismo, além de traduzir para o espanhol um catecismo dedicado aos índios. Seus escritos, em forma de cartas, descrevem o cotidiano e os obstáculos à divulgação de sua fé.

Obras

BAERS, Johannes. *Olinda, Ghelegen int Landt van Brasil, in de Capitania van Phernambuco, met Mannelijcke dapperheyt ende groote couragie inghenomen, ende geluckelijck verovert op den 16. Februarij A°. 1630. Onder het beleydt vanden seer Manhaften ende cloeckmoedigen Zee-helt, den Heere Henrick Lonck, Generael weghen de Geoctroyeerde West-Indische Compagnie, over een machtige Vloote Schepen, door den VVel-Edelen, seer gestrengen ende grootmoedige Heere Diederich van Weerdenburg, Heere van Lent, Velt-Overste ende Colonel over dry Regimenten Infanterie. Cort ende claer beschreven Door Joannem Baers, Dienaer des Godlijcken VVorts inde Heerlijckheyt van Vreeswijck, gheseyt de Vaert, als een sichtbaer ghetuyge, int vijftichste jaer sijns Ouderdoms. Prov. 21.31 De Peerden worden wel ten strijdtdaghe bereyt doch de oberwinninghe comt van den Heere.* Amsterdam: Voor Hendrick Laurentsz, 1630.

BROECK, Matheus van den. *Journael ofte Historiaelse Beschrijvinge van Matheus vanden Broeck. Van 't geen hy selfs ghesien ende waerachtigh gebeurt is, wegen 't begin ende Revolte van de Portugese in Brasiel, als mede de conditie en het overgaen van de Forten aldaer.* Amtelredam: Voor Gerrit van Goedesbergen, 1651.

MOREAU, Pierre. *Histoire des derniers trovbles dv Bresil. Entre les Hollandois et les Portvgais. Par Pierre Moreav, natif de la ville de Parrey en Charollois.* Paris: Chez Augustin Courbé, 1651.

RICHSHOFFER, Ambrosius. *Ambrosi Richszhoffers Brazilianisch und West Indianische Reisse Beschreibung.* Strasburg: Bey Josias Städen, 1677.

SOLER, Vicent Joachim. *Cort ende sonderlingh Verhael Van eenen Brief van Monsieur Soler, Bedienaer des H. Euangelij inde Ghereformeerde Kercke van Brasilien, Inde vvelcke hy aen eenigne syne Vriende, daer hy aen schrijft, verhaelt verscheyden singulariteyten van' t Landt. Vyt de Francoysche in onse Nederlantsche tale overgeset.* Amsterdam: Voor Boudevvyn de Preys, Boeckvercooper wonende op de hoeck van de Vygen-dam inde Faem, 1639.

Edições em português

BAERS, Joannes. *Olinda conquistada – narrativa do padre João Baers.* 2.ed. Trad. Alfredo de Carvalho. Sao Paulo: Difusão Cultural, 1978.

BLAER, Jan. Diário da Viagem do Capitão João Blaer a Palmares em 1645. *Revista do Instituto Arqueológico, Histórico e Geográfico Pernambucano*, 56, 1902.

BROECK, Matheus van den. *Diario ou Narração historica de Matheus van den Broeck...* Trad. José Hygino Duarte Pereira. Pernambuco: Typographia do Jornal do Recife, 1875.

MOREAU, Pierre. *História das últimas lutas no Brasil entre holandeses e portugueses e Relação da viagem ao país dos tapuias*. Trad. Leda Boechat Rodrigues. São Paulo: Editora da Universidade de São Paulo; Belo Horizonte: Itatiaia, 1979.

PUDSEY, Cuthbert. *Diário de uma estada no Brasil 1629-1640*. Trad. e leitura paleográfica Nelson Papavero e Dante Martins Teixeira. Rio de Janeiro: Index, 2000.

RICHSHOFFER, Ambrosius. *Diário de um soldado*. Recife: Governo do Estado de Pernambuco, Secretaria de Educação e Cultura, 1977.

SOLER, Vicente Joaquim. *Dezessete cartas de Vicente Joaquim Soler*. Trad. B.N. Teensma. Rio de Janeiro: Index, 1999.

Edições mais acessíveis na língua original

BROECK, Matheus van den. *Journael, ofte historiaelse beschrijvinge van Matheus vanden Broeck*. Amstelredam: G. van Goedesbergen, 1651.

RICHSHOFFER, Ambrosius. *Reise nach Brasilien, 1629-1632. Neu herausgegeben nach der zu Strassburg bei Josias Stadel im Jahre 1677 erschienenen Original-Ausgabe*. Haag, M. Nijhoff, 1930.

Fragmentos das narrativas

Descendo o monte, a partir do Convento dos Jesuítas, depara-se novamente com uma eminência sobre a qual eleva-se a principal igreja paroquial do lugar, chamada Salvador, a casa da Câmara, de baixo da qual acha-se o açougue; e à direita, acima dela, a prisão e uma grande parte da cidade, sendo a eminência em cima plana e igual. Também ali existe uma bela e larga rua ultimamente chamada Rua Nova, que foi a primeira rua da cidade. Porém no extremo meridional, onde está situado o hospital, chamado Misericórdia, desce o monte com tão áspero declive que quase não se pode subi-lo sem grande esforço e trabalho, nem descê-lo sem perigo de cair-se, apesar de ver-se diante de si. (Johannes Baers)

A 22 do dito pela manhã saiu novamente um sargento com 20 homens a bater o mato ...; neste dia a nossa gente queimou para mais de 60 casas nas roças abandonadas; o caminho deste Palmares era marginado de aléias de palmeiras que são de grande préstimo aos negros, porquanto em primeiro lugar fazem com elas as suas casas, em segundo as suas camas, em terceiro abanos com que abanam o fogo, em quarto comem o exterior dos cocos e também os palmitos; dos cocos fazem azeite para comer e igualmente manteiga, que é muito clara e branca e ainda uma espécie de vinho; nestas árvores pegam uns vermes da grossura dum dedo, os quais comem, pelo que têm em grande estima estas árvores ... . Este era o Palmares grande de que tanto se fala no Brasil. (Jan Blaer)

As forças inimigas, que presentemente montam a oitocentos homens, sabemos que crescem de dia em dia, ao passo que as nossas, como é manifesto, vão pelo contrário diminuindo. A nossa gente válida não excedia a cento e quarenta e sete soldados, trinta homens de trem e vinte paisanos, ao todo cento e noventa e sete homens em estado de prestar serviço. (Matheus van den Broeck)

Estes administradores da coisa pública só almejavam o lucro e o proveito da Companhia (a fim, diziam eles, de suportar as despesas da guerra) e exigiram, ainda, de todos os súditos das cidades, das vilas e do campo, a vigésima parte do valor de suas propriedades, segundo sua avaliação, e por diversas vezes a décima dos aluguéis das casas. Cobravam o pedágio da ponte de madeira que ligava Recife a Santo Antônio, o que, sem contar os outros tributos, deu a ganhar àqueles que tinham levado a cabo o empreendimento com o fito de utilidade pública cem vezes mais do que o custo. Os arrendatários que haviam combinado a construção com os Magistrados fizeram-se pagar em Recife, na Cidade Maurícia, em particular e em todo o campo em geral, exigindo impostos tão excessivos pelo direito de passagem da ponte para os homens, cavalos, carros e mercadorias, que um homem a cavalo e seu escravo chegavam a pagar trinta e dois soldos. (Johann Pierre Moreau)

Foi também determinado que todos os habitantes portugueses deveriam ficar em suas moradas, sem entrar em insurreição com qualquer dos lados, mas seguir com seu trabalho, até que a luta terminasse. Igualmente foi dada uma ordem para que comparecessem todos os jovens mancebos, filhos de portugueses, diante dos principais oficiais, para jurar, através de seus pais ou amigos, fidelidade, e que eles não passariam para o inimigo. Mas seus pais se recusaram terminantemente a responder por eles, pois já eram homens feitos, afirmando que, sendo jovens mancebos, poderiam ser levados a desobedecê-los, ou seguir seus próprios caminhos, contrariamente aos desejos de seus pais e que portanto não havia razão que uma família sofresse por um filho desobediente. (Cuthbert Pudsey)

Do mesmo modo assaltamos à viva força o convento dos jesuítas, levando a ferro e fogo quantos ousaram resistir-nos. Em seguida fizemos flutuar da torre e das janelas as nossas bandeiras. Vendo isto, os do outro lado da cidade, nos dois fortes de pedra e na trincheira situados na praia, percebendo que, não só a nossa retaguarda marchava resolutamente sobre eles, como também do lado do Sul desembarcavam novas tropas que o senhor General mandava como socorro, não se demoraram em resistir-nos, e, depois de dispararem algumas peças, fugiram abandonando tudo. (Ambrosius Richshoffer)

Minha intenção era terminar aqui meus dias, mas cambiei de opinião, vendo frustradas as minhas esperanças, o pouco cuidado que têm da Igreja e a possibilidade de subsistir. Lá onde deveria haver vinte pastores pelo menos, não há senão oito, dos quais um tem sido despedido no nosso Colóquio de há quinze dias e remetido com esses navios. Os índios, dispersados em algumas aldeias grandemente distanciados, ficam sem instrução; e os holandeses, por falta de ministro, dirigem-se aos sacerdotes para batizar seus filhos e bendizer seus casamentos. Os papistas têm tanta liberdade como em Roma e praticam suas superstições em cinco templos na vila de Olinda; e nós até hoje não obtivemos mais que um, porque custa alguma despesa. (Vicente Joaquim Soler)

Iconografia

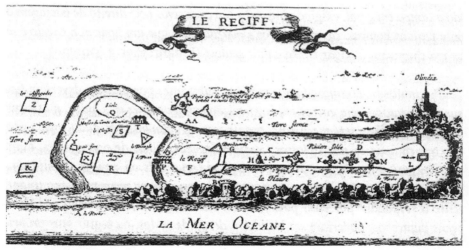

Figura 13 – Recife.

A única ilustração do livro é um panorama do Recife, em voo de pássaro, onde estão estabelecidos as fortificações e os principais pontos da defesa holandesa. Em primeiro plano, porém, o porto é desenhado em outra perspectiva e apresenta uma grande torre e o casario construído pelos holandeses. Ao fundo, encontra-se Olinda, onde se destacam as construções religiosas, sobretudo a matriz de São Salvador e, talvez, ainda mais ao fundo, o Colégio da Companhia de Jesus.

1637 – Cristóbal Acuña

Notas sobre a viagem e o viajante

Ao Ao fim da década de 30 do seiscentos, realizou-se a importante viagem de Pedro Teixeira ao rio Amazonas, considerada o redescobrimento da passagem entre o oceano Atlântico e o Peru. A grande expedição, composta por setenta soldados, 1.200 índios, embarcados em uma frota de mais de quarenta canoas de bom porte, teve início em 17 de outubro de 1637, em Belém do Pará. Depois de alcançar Quito, a audiência expediu provisão geral que autorizava o retorno dos jesuítas Cristóbal Acufía e Andrés de Artiega na comitiva de Pedro Teixeira.

Durante a viagem de regresso ao Pará, iniciada em 16 de fevereiro de 1639, Acuña reuniu informações sobre o percurso do Grande Rio das Amazonas, sobre seus habitantes e suas riquezas.

Obra

ACUÑA, Cristobal. *Nuevo descubrimiento del gran Río de las Amazonas. Por el Padre Cristoval de Acuña, Religioso de la Compañía de Iesus, y Calificador de la Suprema General Inquisicion. Al qual fue, y se hizo por orden de su Magestad, el año de 1639. Por la Provincia de Quito en los Reynos del Perú. Al Excelentísimo Señor Conde Duque de Olivares.* Madrid: Imprenta del Reino, 1641.

Edição em português

ACUÑA, Cristobal. *Novo descobrimento do grande rio das Amazonas*. Trad. Helena Ferreira. Rio de Janeiro: Agir, 1994.

Edição mais acessível na língua original

ACUÑA, Cristobal. *Nuevo descubrimiento del gran río de las Amazonas*. Montevidéu: Oltaver, edição bilíngue, 1994.

Fragmento da narrativa

Ademais, se o lago Dourado tem o ouro que a opinião geral lhe atribui; se as Amazonas, como atestam muitos, vivem entre as maiores riquezas do planeta; se os Tocantins são celebrados pelos franceses por causa de suas pedras preciosas e a abundância de seu ouro; se os Omáguas (etnia amazônica), devido aos seus haveres, alvoroçaram o Peru a ponto de seu vice-rei nomear Pedro de Ursua para, com um grande exército, ir buscar dessas riquezas, é porque, em suma, tudo se encerra neste grande rio: seja o lago Dourado ou as Amazonas, seja os Tocantins ou os ricos Omáguas, como diante se verá. Enfim, aqui se acha depositado o imenso tesouro que a majestade de Deus guarda para com ele enriquecer a de nosso grande Rei e Senhor Felipe Quarto.

Iconografia

Não há.

1648 – Vincent le Blanc

Notas sobre a viagem e o viajante

Nada se sabe sobre o navegador Vincent Le Blanc, um homem que supostamente percorreu os quatro cantos do mundo e deixou uma narrativa de viagens extremamente popular em seu tempo: *Les voyages fameux*. O escrito, é certo, saiu da pena de um renomado editor de viagens, Pierre Bergeron, o mesmo que redigira dois outros relatos de grande sucesso no período: *Voyage de François Pyrard de Laval* (1612) e *Voyages en Afrique, Asie, Indes Orientales, & Oecidentales* (1645), de Jean Mocquet.

A história que Bergeron conta aos seus leitores na apresentação da obra reza que Le Blanc nasceu em Marselha, em uma família de construtores de navios, e muito cedo, com doze anos somente, deixou a casa paterna e iniciou a sua peregrinação pelo mundo, peregrinação que terminou somente quando o aventureiro era já um sexagenário. Ainda segundo Bergeron, Le Blanc deixou um longo manuscrito contando as suas aventuras, que ele, Bergeron, tratara de editar e reescrever, mantendo-se sempre fiel ao que relatara o aventureiro. Todavia, a completa ausência de quaisquer notícias sobre Le Blanc leva a crer que as suas memórias talvez tenham sido inventadas pelo próprio Bergeron, um profundo conhecedor de narrativas de viagens e, sobretudo, das expectativas do público coetâneo em relação a elas.

Obra

LE BLANC, Vincent. *Les voyages fameux du sieur Vincent Le Blanc Marseillois, Qu'il a faits depuis l'aage de douze ans iusques à soixante, aux quatre parties du Monde; a scavoir Aux Indes Orientales & Occidentales, en Perse & Pegu. Aux Royaumes de Fez, de Maroe & de Guinée, & dans toute l'Afrique interieure, depuis le Cap de bonne Esperance iusques en Alexandrie, par les terres de Monomotapa, du Preste Iean & de l'Egypte. Aux Isles de la Mediterranée, & aux principales Prouinces de l'Europe, &c. Redigez fidellement sur ses Monde; Memoires & Registres, tirez de la Bibliotheque de Monseiur de Peiresc Conseiller au Parlement de Prouvence, & enrichis de tres-curieuses observations. Par Pierre Bergeron, Parisien.* Paris: Gervais Clousier, 1649.

Edição em português

Não há.

Edição mais acessível na língua original

Não há.

Fragmento da narrativa.

O Brasil é uma grande província da coroa de Portugal, localizada na América, que se estende do 35° ao 2°, de norte para sul – desde o forte situado na embocadura do rio Amazonas até o Prata –, e conta com uns 10° de largura, de leste para oeste. Os seus limites são: o Maranhão, ao norte, a 2°; o rio da Prata, a sul, a 35°; as elevadas e inacessíveis montanhas do Peru, a oeste; e a leste o mar da Etiópia ou Atlântico. O país conta com um clima maravilhoso, um ar salubre e agradável, muitas águas e terra fértil. Tais condições propiciam aos habitantes uma vida saudável e longa; e embora se encontre na zona Tórrida, os ventos frescos que sopram do mar amenizam o calor e tornam a vida no local bastante agradável.

Iconografia

Não há.

1649 – Richard Flecknoe

Notas sobre a viagem e o viajante

O poeta inglês Richard Flecknoe (1600?-1678) entrou para a História menos por seus méritos e mais pelo fato de ter sido criticado e ridicularizado por dois literatos famosos: John Dryden e Andrew Marvell. O primeiro qualificou-o, em 1682, de *imperador em todos os domínios do Disparate* e o último, que chegou a conhecê-lo em Roma (1646), teceu comentários cáusticos sobre a sua pretensão, arrogância e impertinência. Para além dessas opiniões pouco abonadoras, quase nada sabemos sobre a vida desse vate e aventureiro que, em busca de me cenas que satisfizessem o seu *insaciável desejo de ver tudo*, como uma vez explicou, circulava pelas cortes da Europa adulando membros da nobreza.

Foi como viajante que Flecknoe, depois de passar por Bruxelas, Paris, Marselha, Gênova, Roma, Provença e Hyeres, desembarcou em Cascais (Portugal), no ano de 1648, e foi nesta qualidade que, em outubro do mesmo ano, rum ou para o Brasil na embarcação que conduzia o recém-nomeado governador do Rio de Janeiro, Sebastião de Brito Pereira. Flecknoe entrou na Baía de Guanabara em janeiro de 1649, de onde partiu oito meses mais tarde.

Obra

FLECKNOE, Richard. *A relation of ten years Travells in Europe, Asia, Affrique, and America. All by way of Letters occasionally written to divers noble Personages from place to place; And continued to this present year, by Richard Fleckno. With divers other Historical, Moral, and Poetical pieces of the same Author. Haec olim meminisse juvebit.* London: Printed for the Author, 1656.

Edição em português

TAUNAY, Afonso de Escragnolle. *Visitantes do Brasil Colonial (séculos XVI-XVIII).* São Paulo, Rio de Janeiro, Recife, Porto Alegre: Companhia Editora Nacional, 1938, p.33-83 [Paráfrase do fragmento de Richard Flecknoe relativo ao Brasil].

FLECKNOE, Richard. *A relation of ten years travells in Europe, Asia, Affrique, and America...* In: FRANÇA, Jean Marcel Carvalho. *Visões do Rio de Janeiro Colonial: antologia de textos, 1531-1800.* Rio de Janeiro: José Olympio, 1999, p.34-43 [Fragmento relativo ao Brasil].

Edição mais acessível na língua original

Não há.

Fragmento da narrativa

Se, como quer João Batista de Porta, pudéssemos associar a cada povo um animal que melhor ilustrasse as suas características, diríamos que esses brasileiros são como asnos: indolentes, fleumáticos e só aproveitáveis para o labor e para a escravidão, daí a natureza não ter dotado este país de nenhum animal de carga.

Fisicamente, esses nativos são mais corpulentos que robustos: seu tronco é grosso, suas pernas, curtas, seus olhos, pequenos, sua pele, morena e doentia, suas feições, irregulares e seus cabelos negros, lisos e muito oleosos.

Tanto os homens como as mulheres andam geralmente nus, usando apenas um pequeno trapo para esconder as partes genitais – o que, de resto, ninguém desejaria ver, já que aquilo que está à mostra é bastante repugnante. São todos cristãos, o que me faz imediatamente pensar na seguinte frase: o Senhor salva a todos, homens e animais. Essa máxima, para essa gente que não possui inteligência bastante para cultivar vícios engenhosos nem temperança suficiente para evitar os mais brutais, é, sem dúvida, adequada. Digo isso baseando-me naqueles que vivem entre os portugueses. Quanto aos demais, imagino que a diferença seja a mesma que há entre os animais domésticos e os selvagens.

Iconografia

Não há.

1663 – Edward Barlow

Notas sobre a viagem e o viajante

Em 1663, Abraham Jacob, um comerciante londrino estabelecido em Lisboa, obteve permissão para enviar ao Brasil um navio de 400 toneladas e 34 canhões carregado de mercadorias, o *Queen Catherine*. A bordo da embarcação, capitaneada por um tal John Shaw, viajava Edward Barlow (1642-?), um marinheiro inglês, nascido em Manchester, que desde os dezessete anos servia nas embarcações da coroa britânica.

Barlow partiu de Lisboa em data desconhecida, arribando na Ilha da Madeira provavelmente entre março e abril de 1663. Em 11 de maio, o navio em que viajava, depois de carregado com quinhentas pipas de vinho, fez vela em direção ao Rio de Janeiro, ganhando a Baía de Guanabara em meados de julho de 1663.

Obra

BARLOW, Edward. *Barlow's journal of his life at sea in king's ships, East & West Indiamen & other merchantmen from 1659 to 1703. Transcribed from the original manuscript by Basil Lubbock. With 5 coloured illustrations and 51 Coastlines Drawings.* Londres: Hurst & Blackett, Ltd., 1934.

Edição em português

BARLOW, Edward. "Barlow's journal of his life at sea in king's ships...". In: FRANÇA, Jean Marcel Carvalho. *Visões do Rio de Janeiro Colonial:* antologia de textos, 1531-1800. Rio de Janeiro: José Olympio 1999, p.44-8 [Fragmento relativo ao Brasil].

Edição mais acessível na língua original

Não há.

Fragmento da narrativa

... *Os habitantes locais, ao menos os mais importantes, são portugueses. Esses, contudo, possuem uma infinidade de servos e escravos que fazem todo o trabalho necessário. Os naturais do país, os índios, têm uma cor castanha escura, cabelos longos e pretos e uma compleição medíocre. Andam totalmente nus, salvo por um pequeno pedaço de pano que cobre as partes genitais.*

O país produz, em abundância, o melhor açúcar que tive oportunidade de ver; produz também um bom tabaco e muito pau-brasil – utilizado para tintura. Os bois são muito comuns e muito baratos, assim como os perus selvagens e os peixes; todavia, as cabras e os carneiros são em pequeníssimo número. Os habi-

tantes locais dedicam-se, algumas vezes, à pesca da baleia, da qual extraem o óleo. Nas águas da redondeza, os tubarões de uma espécie menos violenta, denominada tubarão-martelo, abundam.

Quanto às frutas, as laranjas, os limões, as limas, as abóboras, as bananas e os abacaxis crescem quase sem nenhum cultivo; o coco não é muito comum nessa região, mas a goiaba, um fruto semelhante a pêra e excelente no combate a diarréia, pode ser encontrada em todo lado.

Iconografia

Não há.

1666 – Urbain Souchu de Rennefort

Notas sobre a viagem e o viajante

Pouco se sabe sobre a vida de Urbain Souchu de Rennefort, um ex-tesoureiro da guarda do rei que, depois de extinta a função que ocupava, foi nomeado, em 1664, secretário do Conselho Soberano da França Oriental, vinculado à recém-fundada Companhia das Índias Orientais. Em 1665, em sua nova função, Souchu empreendeu uma viagem de colonização a Madagáscar.

O navegador retomou a Paris somente em abril de 1667 e, descontente com o que se passara em Madagáscar e com os rumos que estavam tomando os negócios da Companhia, compôs, num espaço de vinte anos, duas obras sobre a sua experiência colonial, obras, de certo modo, marcadas por um tom de denúncia: *Relation du premier voyage de la Compagnie des Indes Orientales em l'île de Madagascar...* (1668) e *Histoire des Indes Orientales* (1688). *Histoire ...* repete em grande medida *Relation ...*, mas traz também, em sua segunda parte, a descrição da viagem a Madagáscar realizada pela segunda frota patrocinada pela Companhia – da qual Souchu não participou –, comandada pelo senhor de Mondevergue. Os navios saíram de La Rochelle em 14 de março de 1666, passaram por Tenerife, nas Canárias, em 29 de março, e alcançaram Pernambuco no dia 21 de julho, onde permaneceram ancorados até 10 de novembro.

Obra

RENNEFORT, Urbain Souchu de. *Histoire des Indes Orientales. Par monsieur Souchu de Rennefort. Suivant la copie de Paris.* Leide: F. Harring, 1688.

Edição em português

Não há.

Edição mais acessível na língua original

RENNEFORT, Urbain Souchu de. *Histoire des indes orientales.* Paris: Phenix Editions, 2004.

Fragmento da narrativa

Há um terceiro grupo de habitantes, que os portugueses denominam tapuias, maiores e mais fortes do que os índios de que tratamos acima. Os tapuias são idólatras; quando algum deles cai doente sem possibilidade de recuperar-se, matam-no, antes que fique muito abatido, e comem a sua carne. Também costumam devorar os estrangeiros e os inimigos que capturam. As suas habitações geralmente estão a mais de 40 léguas do litoral. Organizam-se em aldeias como os outros brasileiros, diferindo destes somente pelo fato de serem maiores e praticarem a antropofagia. Têm-se conhecimento da existência de 76 nações, as quais estão sujeitas a tantos senhores quantos forem os chefes de aldeia. Antes de os europeus virem para o Brasil, esta gente guerreava entre si. Durante a querela entre portugueses e espanhóis, lutaram ora de um lado, ora de outro, segundo a sua predileção. As armas que utilizam nestas ocasiões são o arco e a flecha, os dardos e os porretes feitos de uma madeira muito resistente. Antes de conhecerem os instrumentos de cobre, trazidos pelos portugueses, serviam-se dos ossos da coxa humana como trombetas.

Os tapuias são muito temidos pelos outros índios, pois cem destes não são capazes de resistir a trinta daqueles. É habitual defumarem a carne que consomem, fazendo um pequeno fogo embaixo de uma fileira de varas, suspensa cerca de 3 pés do solo por quatro forcados, sobre a qual estendem a carne. As suas crianças não recebem nenhum nome até os dez anos de idade, quando tem lugar uma cerimônia em que, além do nome, recebem furos no lábio inferior e em suas orelhas. Ao casarem, recebem furos na bochecha. No começo do mês de julho, depois que o milho é colhido e replantado, o chefe da aldeia manda chamar todos aqueles que estão em idade de casar. Ao reunirem-se, o senhor caminha à frente, em companhia de uns padres que denominam caraíbas, seguidos dos pais e mães dos noivos. Os jovens que vão casar e as crianças são os últimos; vêm pintados e cobertos por uma plumagem colorida. Eles cantam, dançam e os caraíbas os perfumam com tabaco. Depois disso, cortam uma árvore e terminam a festa do seguinte modo: os rapazes são divididos em dois grupos iguais; cada membro de um grupo é responsável por correr com a tora pelo espaço que puder e, logo que a soltar, outro membro do grupo deve pegá-la e fazer o mesmo, até que o último membro tenha participado. A trupe que alcança o fim primeiro é louvada, a outra, zombada. Há, entre os competidores, corredores com uma velocidade admirável.

Os tapuias, quando devoram a carne de seus parentes mortos, gritam e lamentam-se. Os ossos são guardados, transformados em pó e, depois de misturados com farinha de milho, cozidos. O produto é servido nos batizados e casamentos. Entre este povo, os súditos dormem na terra e os senhores, em cima de arbustos.

Iconografia

Não há.

1666 – Capuchinhos italianos em Pernambuco (Dionigi de Carli, Giovanni Antonio Cavazzi, Girolamo Merolla da Sorrento e Antonio Zucchelli da Gradisca)

Notas sobre a viagem e os viajantes

Desde a metade do século XVII, os capuchinhos italianos enviaram sucessivas levas de religiosos para o Congo. O primeiro grupo desembarcou na região em 1645; três anos mais tarde, veio o segundo e, em 1651, o terceiro. Nestes primeiros tempos, todos os missionários, cientes da hostilidade portuguesa em relação aos religiosos estrangeiros, optaram por seguir para a África de algum porto espanhol, realizando aguada nas Ilhas Canárias. A partir da missão de 1651, no entanto, Portugal não somente franqueou passagem aos religiosos, como exigiu que embarcassem em Lisboa. Muitos, então, passaram a frequentar a Frota do Brasil, que anualmente trazia mercadorias europeias para os principais portos brasileiros (Pernambuco, Baía de Todos os Santos e Rio de Janeiro). Uma vez no Brasil, os religiosos, por vezes depois de meses de espera, arrumavam lugar em uma embarcação que seguia para a costa africana.

Foi em razão desse périplo que vieram parar, ora na Bahia, ora em Pernambuco, diversos capuchinhos italianos em trânsito, entre os quais Dionigi de Carli, Giovanni Antonio Cavazzi, Girolamo Merolla da Sorrento e Antonio Zucchelli da Gradisca.

Obras

CARLI, Dionigi de. *Viaggio Del Padre Michael Angelo de Gualtini da Regio, et del P. Dionigi de Carli da Piacenza Capuccini, Predicatori, & Missionarij Apostolici nel Regno del Congo. Descritto per lettere continuate fino alla morte, dal Porto di Genova alla Citta di Loanda dal sudetto P. Guattini al suo dilettiss. Padre in regio. Con una fedele narrativa delli Paesi del Congo del detto P. Dionigi, & col suo ritomo in Italia.* Bologna: Gioseffo Longhi, 1674.

CAVAZZI DA MONTECUCCOLO, Gio. Antonio. *Istorica Descrizione de ter' regni Congo, Matamba, et Angola sitvati nell' Etiopia inferiore occidentale e delle Missioni Apostoliche Esercitateui da Religiosi Capuccini, Accuratamente compilata dal P. Gio. Antonio Cavazzi da Montecvccolo sacerdote capvccino, il quale vi fú prefetto E nel presente stile ridotta dal P. Fortvnato Alamandini da Bologna Predicatore dell' istesso Ordine. All' illustrissimo signor conte Giacomo Isolani.* Bologna: Per G. Monti. 1687.

MEROLLA DA SORRENTO, Girolamo. *Breve, e svccinta Relatione del Viaggio nel regno di Congo nell' Africa Meridionale, fatto Dal P. Girolamo Merolla da Sorrento, Sacerdote Cappucino, Missionario Apostolico. Continente variati Clima, Arie, Animali, fiumi, frutti, vestimenti con proprie figure, diversitá di costumi, e di viuere per l'vso humano. Scritto, e ridotto al presente stile Istorico, e narrativo dal P. Angelo Piccardo da Napoli Predicatore dell' istess' Ordine Diviso in dve parti. Dedicato all' eminmo. e revmo. Cardinal Acciaioli.* Napoles: Francesco Mollo, 1692.

ZUCCHELLI DA GRADISCA, Antonio. *Relazioni del viaggio e missione di Congo Nell' Etiopia Inferiore Occidentale. Del P. Antonio Zucchelli da Gradisca, Predicatore Capuccino della Provicia di Stiria, e giá Missionario Apostolico in detto Regno. Nelle quali li descrive distintamente tutto ciò, che di notabile è occorio di vedere, ed operare al sudetto P. Missionario, sì ne lunghi viaggi da lui fatti, come pure nell' esercizio della Missione. Consecrate Dal medesimo com Ossequio rispettosissimo Alla Sacra Cesarea Reale Maestá dell' Augustissima lmperatrice de' Romani Eleonora Maddalena Teresa Vedova del Gran Leopoldo.* Veneza: Bartolomeo Giavarina, 1712.

Edição em português

CAVAZZI, Giovanni Antonio. *Descriçao historica dos tres reinos do Congo, Matamba e Angola, pelo P.e Joao Antonio Cavazzi de Montecuccolo.* Trad., notas e indices P. e Graciano Maria de Leguzzano. Introduçao biobibliografica F. Leite de Faria. Lisboa: Junta de Investigaçoes do Ultramar, 1965.

Edição mais acessível na língua original

Não há.

Fragmentos das narrativas

A caminho do hospício dos capuchinhos, notamos que a cidade é pequena, mas muito povoada, sobretudo por escravos mouros, vindos de Angola, do Congo, do Dongo e de Mataba. Todos os anos, cerca de 10 mil deles são trazidos para trabalhar na cultura da cana e do tabaco, para semear e colher o algodão que cresce aqui abundantemente em arbustos da altura de um homem e, também, para cortar madeira, tingir seda e outros tecidos de valor e para trabalhar o coco e o marfim.

Os portugueses, até o presente, não conseguiram subjugar os originários do Brasil, um povo muito bárbaro e muito esquivo. Tapuias ou caboclos é o nome que se lhes dá e a sua cor é um pardo escuro. Andam sempre nus e com um arco grande, com cerca de 1 vara e meia, com a flecha esta feita em parte de cana e em parte de uma madeira duríssima, afiada na ponta em formato de serra, de modo que, ao penetrar na carne, faça uma ferida maior e mais dolorosa e seja mais difícil de retirar de fato, quando são certeiros, abrem uma ferida no inimigo maior do que a causada por uma descarga de fuzil. Estes tapuias, sempre que podem, comem carne humana, e se falta-lhes a carne dos seus inimigos próximos, comem a dos estrangeiros que conseguem capturar na sua região.

Os tapuias trazem, enfiados no rosto, pequenas pedaços de madeira e pedras de diferentes cores; não sei se é para parecerem mais belos ou mais assustadores. As suas orelhas são ornadas não com pendentes de metal, como os nossos cachorros, mas com as tais peças de madeira mencionadas. Eles vivem da caça de animais e homens. Quando algum deles cai doente, dão-lhe alguns dias para que se restabeleça, caso, passado esse tempo, a cura não venha, eles, para evitar que padeça com tormentos, matam-no impiedosamente e comem-no. A mesma graça ou a mesma barbarização concedem aos seus pais e aos velhos que não podem mais ir à caça, os quais as próprias crianças matam e comem, em companhia dos parentes mais próximos da vítima, convidados para o cruel festim. Pagam, assim, com a morte àqueles que lhes deram a vida e metem para dentro de suas entranhas as entranhas de onde saíram. Em suma, é uma gente pagã miserável, mergulhada na mais completa idolatria. Os outros habitantes do Novo Mundo, bons ou maus, são cristãos ou, pelo menos, são tidos como tal. (Dionigi de Carli)

No dia 17 de janeiro, alcançamos a baía de São Salvador, no Brasil, localizada a 13° de latitude sul. O porto é notável tanto pelo seu tamanho quanto pela sua segurança, segurança que atribuo a 2 montanhas que protegem a entrada e à sua distância do alto-mar.

Ao desembarcar, a primeira coisa que vi foi uma rede, dependurada numa vara, que 2 negros vestidos de preto carregavam sobre os ombros. A rede estava coberta por uma colcha e, em torno dela, caminhavam 4 mulheres. Imaginei que se tratasse de um corpo morto que estava sendo levado para a sepultura; minha curiosidade foi tanta, que perguntei do que se tratava. Explicaram-me que era uma viúva portuguesa. Perguntei, ainda, porque não havia uma cruz à sua frente, se era cristã, e pus-me a recitar o De Profundis. Imediatamente, todos que estavam em volta puseram-se a rir e percebi que tomava por morta uma mulher saudável, que viajava numa espécie de palanquim ... . (Merolla da Sorrento)

Iconografia

Não há.

1685 – Gabriel Dellon

Notas sobre a viagem e o viajante

É muito pouco o que se sabe sobre o cirurgião francês Charles (ou Gabriel) Dellon. Alguns papéis da Inquisição portuguesa – que o processou por heresia – indicam que Dellon nasceu em 1649, na cidade de Agde, situada na costa francesa do Mediterrâneo. Em 1668, o rapaz, então com quase vinte anos, teve os seus serviços contratados pela Companhia das Índias Orientais de seu país e embarcou para a Índia. De 1669 a 1673, Dellon perambulou por várias regiões do Oriente, sem se fixar em nenhuma parte. Finalmente, em 1673, mediante convite do governador Furtado de Mendonça, resolveu estabelecer residência em Damão. Em agosto do mesmo ano, não se sabe ao certo por que, foi preso pela Inquisição e transferido para Goa. Aí amargou dois anos na prisão, padeceu com constantes interrogatórios e, por fim, foi condenado a cumprir, em Lisboa, cinco anos nas galés.

Em janeiro de 1676, o cirurgião embarcou em um navio luso com destino à capital portuguesa, navio que, como era habitual, deveria proceder a uma parada no Brasil, precisamente na Baía de Todos os Santos. Em maio, a embarcação entrou na barra soteropolitana, de onde sairia somente no mês de setembro.

Obras

DELLON, Gabriel. *Relation de L'Inquisition de Goa*. Paris: Chez Daniel Horthemels, 1688.

_____. *Relation d'un voyage des Indes orientales par Dellon. Dedié à Monseigneur l'Evèque de Meaux Par Mr. Dellon, Docteur en Medecine*. Paris: Claude Barbin, 1685.

Edição em português

DELLON, Gabriel. *Narração da inquisição de Goa*. 2.ed. Trad. port. Miguel Vicente de Abreu e por ele acrescentada com várias notas &

algumas correções. Lisboa: Edições Antígona, 1996, 2.ed. [Não traz a passagem de Dellon pelo Brasil.]

Edição mais acessível na língua original

DELLON, Gabriel. *L'Inquisition de Goa*. Paris: Chandeigne, 2003.

Fragmentos das narrativas

O grande número de escravos que há no país e a maneira cruel como são tratados não lhes sendo dado o necessário para sobreviver e castigando-os excessivamente pelas menores faltas são causa de constantes desordens, tanto nos campos, quanto nas cidades do país. A maior parte desses cativos são negros trazidos de Angola e da Guiné para trabalhar nas lavouras de cana e de tabaco. Vendidos como animais, são comprados às centenas pelos donos de grandes propriedades, que os submetem ao controle de um capataz, na maioria das vezes, pior do que o próprio senhor. Os que não têm terras a cultivar, deixam os seus cativos livres para trabalharem no que quiserem, cobrando-lhes uma determinada soma todo mês ou toda semana. Os maus tratos impostos a uns e as altas somas que se exige dos outros, somas que frequentemente não conseguem pagar, obriga-os por vezes a fugir para o mato e a viver aí pilhando tudo o que encontram pela frente, vingando-se de certo modo dos tormentos que lhes foram impostos. As cidades, ao menos no período da noite, são tão inseguras quanto os campos e, por mais severamente que se castiguem os que são apanhados, a roubalheira não tem fim.

Iconografia

Não há.

1685-1690 – Francisco Coreal

Notas sobre a viagem e o viajante

O pouco que se sabe sobre o espanhol Francisco Coreal (Correal) – personagem de existência duvidosa, provavelmente saído da mente de um livreiro de Amsterdam interessado em viagens – revelou-nos ele próprio ao longo de sua narrativa de viagens. Informa-nos o suposto aventureiro que nasceu em Cartagena, no ano de 1648, e que desde de muito cedo viu-se arrebatado pelo desejo de viajar. Assim, aos dezoito anos deixou a sua terra natal e veio para o continente americano, onde, excetuando um pequeno interregno, permaneceu por 31 anos (1666-1697).

Entre 1666 e 1683, Coreal percorreu a Flórida, o México, as Antilhas, a América Central e a Nova Granada. Em 1684, o aventureiro voltou à Espanha, recebeu uma pequena herança paterna e dirigiu-se para Lisboa. Nesta cidade, embarcou na *frota do Brasil*, alcançando a Baía de Todos os Santos em 31 de outubro de 1685. Três meses permaneceu o espanhol na cidade, partindo, em seguida, para Santos e depois para São Paulo de Piratininga. Em 1690, último ano de sua estada no Brasil, Coreal encontrava-se no Rio de Janeiro, desejoso de retomar à sua terra natal.

Obra

COREAL, François. *Voyages de François Coreal aux Indes Occidentales, contenant ce qu'l y a vû de plus remarquable pendant son sejour depuis 1666, jusqu'en 1697. Traduit de l'Espagnol Avec un relation de la Guiane de Walter Raleigh, & le voyage de Narbrough a la Mer du Sud par le Detroit de Magellan, &c. Nouvelle Edition, Revûë. Corrigée & augmentée d'une nouvelle Découverte del Indes Meridionales & des Terres Austrares, enrichie de figures.* Paris: Chez André Cailleau, 1722.

Edições em português

TAUNAY, Afonso de Escragnolle. *Na Bahia Colonial 1610-1764.* Rio de Janeiro, 1925 [Paráfrase do fragmento de Jean François Coreal relativo ao Brasil].

COREAL, Jean François. Voyages de François Coreal aux Indes Occidentales... . In: FRANÇA, Jean Marcel Carvalho. *Outras visões do Brasil Colonial: antologia de textos (1582-1808)*. Rio de Janeiro: José Olympio, 2000, p.48-50 [Fragmento relativo ao Brasil].

_____. "Voyage de François Coreal...". In: FRANÇA, Jean Marcel Carvalho. Uma viagem a São Paulo. *Folha de S. Paulo*, 25 jan. 2004, Caderno Mais!, p.11. [Fragmento relativo a São Paulo.]

Edição mais acessível na língua original

Não há.

Fragmento da narrativa

Os paulistas andam sempre em grupos de 60 e 80 homens, armados de flechas e espingardas – cujo uso conservaram. Não se sabe como fazem para obtê-las, mas o certo é que as possuem. Como têm a fama de roubar os viajantes e de acolher em seus domínios muitos escravos fugidos, é possível que as consigam por esses meios. Comenta-se que entre eles há aventureiros de todas as nações da Europa e muitos antigos flibusteiros. Comenta-se, igualmente, que fazem excursões de 400 a 500 léguas pelo interior do Brasil, atravessando o país do rio da Prata ao Amazonas.

Os jesuítas do Paraguai têm feito o possível para entrar nas terras dos paulistas e nelas se fixarem. Isso, contudo, até agora não foi conseguido, pois estes desconfiam muito daqueles e não são suficientemente religiosos para admitirem em seu meio nem mesmo padres respeitados em todas as partes do mundo.

Quando algum forasteiro quer ingressar na república paulista, ele é sujeito, antes de ser admitido, a uma espécie de quarentena. E isso não porque tenham a intenção de purgar o visitante do ar ruim do Brasil, mas sim porque querem avaliar as suas aptidões e verificar se ele não é um traidor ou espião. Depois de prolongada vigilância, o forasteiro é enviado ao sertão, tendo de fazer longas e penosas jornadas em busca de escravos índios. Tais escravos são empregados nas minas e no cultivo da terra. O noviço que vacila durante a prova ou tenta desertar é morto sem misericórdia. Quem se junta aos paulistas o faz por toda a vida, pois é com muita dificuldade que permitem a alguém deixar os seus domínios.

Iconografia

Não há.

1695-1696 – François Froger

Notas sobre a viagem e o viajante

Em 1693, o renomado oficial da marinha francesa, M. de Gennes, propôs a Luiz XIV estabelecer uma colônia-presídio no Estreito de Magalhães. Em 1695, engajou-se voluntariamente nessa empresa o engenheiro François Froger, que na época tinha somente dezenove anos.

A frota comandada por M. de Gennes zarpou de La Rochelle em junho de 1695 e, antes de chegar ao Estreito, arribou na Madeira (21 de junho), em Cabo Verde (3 de julho), na Baía de Todos os Santos (4 de novembro) e no Rio de janeiro (30 de novembro). Nessa cidade, os navios permaneceram ancorados quase um mês. A caminho de casa, as embarcações, carentes de provisões, arribaram mais uma vez na Baía de Todos os Santos (20 de junho de 1696), agora por um período de quase dois meses.

Obra

FROGER, François. *Relation d'un voyage Fait en 1695, 1696, & 1697, aux Côtes d'Afrique, Detroit de Magellan, Brezil, Cayenne & Isles Antilles, par une Escadre des Vaisseaux du Roy, commandee par M. de Gennes. Faite par le Sieur Froger Ingenieur Volontaire sur le Vaisseau le Faucon Anglais. Enrichie de grand nombre de Figures dessinees sur les lieux. Imprimee par les soins & aux frais du sieur de Fer, Geographe de Monseigneur le Dauphin*. Paris: Michel Brunet, 1698.

Edições em português

FROGER, François. "Relation...". In: FRANÇA, Jean Marcel Carvalho. Jornal *Valor Econômico*. Caderno EU, 16 mar. 2002, p.301. [Fragmento relativo à cidade de Salvador.]

_____. "Relation d'un voyage fait en 1695, 1696, & 1697...". In: FRANÇA, Jean Marcel Carvalho. *Visões do Rio de Janeiro Colonial: antologia de textos, 1531-1800*. Rio de Janeiro: José Olympio, 1999, p.49-55 [Fragmento relativo ao Rio de Janeiro].

TAUNAY, Afonso de Escragnolle. *Na Bahia Colonial 1610-1764*. Rio de Janeiro, 1925 [Paráfrase do fragmento de François Froger relativo à cidade de Salvador].

_____. *Rio de Janeiro de Antanho: impressões de viajantes estrangeiros*. São Paulo: Companhia Editora Nacional, 1942 [Paráfrase do fragmento de François Froger relativo ao Rio de Janeiro].

Edição mais acessível na língua original

Não há.

Fragmento da narrativa

Seus habitantes são limpos e de uma circunspeção comum aos de sua nação; são ricos e apreciam muito o comércio. Em geral, são possuidores de numerosos escravos e de famílias inteiras de índios, mantidas a contragosto nos engenhos. Os escravos ocupam-se da quase totalidade dos trabalhos da casa, o que torna os habitantes moles e efeminados, ao ponto de serem incapazes de se abaixar para apanhar um alfinete. O excesso é tão comum entre eles que, não somente os burgueses, mas também os religiosos, podem manter relações com mulheres públicas sem temerem ser alvos da censura e da maledicência do povo. A impureza não é a única falta comum a esses monges ímpios. Eles vivem na mais absoluta ignorância e pouquíssimos sabem latim. Temo que eles nos façam assistir, em breve, ao incêndio de uma nova Sodoma. Por todo o Brasil, podem ser encontradas legiões de franciscanos, carmelitas e beneditinos. São poucos, contudo, os religiosos que se ocupam da conversão dos pobres índios, índios que não pedem mais do que serem instruídos à luz do Evangelho. Neste vasto país, somente uns 8 ou 10 bons padres capuchinhos franceses e alguns quantos jesuítas se empenham realmente nesta santa missão. [Fragmento relativo à cidade do Rio de Janeiro]

A Baía de Todos os Santos é, talvez, uma das maiores, mais belas e mais cômodas baías do mundo, podendo abrigar um número superior a 2 mil navios. O fundo, em toda a sua extensão, é bom, e os ventos que aí sopram não constituem motivo de preocupação. Nas suas águas são pescadas inúmeras baleias e nos estaleiros existentes no seu interior são construídos excelentes navios – vimos um, de 60 canhões, em um dos canteiros.

A cidade de São Salvador, situada na dita baía, é grande, bem construída e muito populosa. O seu relevo, contudo, não é dos melhores: os altos e baixos são tantos que não se consegue encontrar uma única rua plana. A cidade é a capital do Brasil, sede de um arcebispado e local de residência do vice-rei. Há ainda, no lugar, um Conselho Soberano e uma Casa da Moeda, onde, com o propósito de facilitar o comércio, são cunhadas as moedas correntes no país. Essas, numa face, trazem estampadas as armas de Portugal e, na outra, uma cruz no interior de uma esfera, com a seguinte inscrição: Subq. sign stabo. [Fragmento relativo à cidade de Salvador]

Iconografia

Figura 14 – São Sebastião Vila Episcopal do Brasil (1695), pormenor.

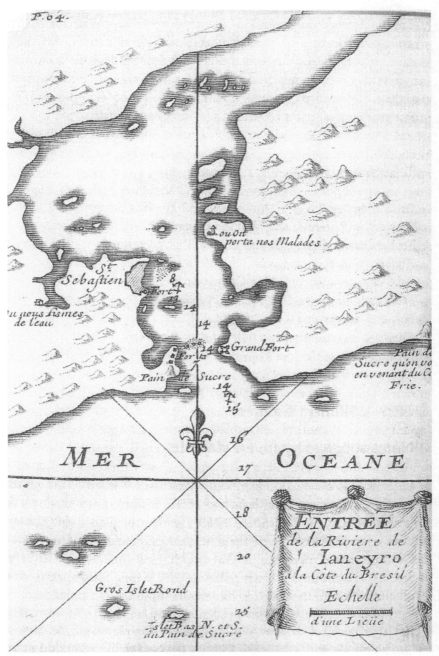

Figura 15 – Mapa da baía de Guanabara (1699).

As ilustrações de Salvador e do Rio de Janeiro são bem conhecidas e tratam da estrutura urbana, dos principais prédios religiosos e administrativos, do porto e de seus armazéns, das fortificações, das ruas e dos caminhos nada retilíneos das duas cidades. Ao ilustrar a narrativa de viagem, os editores procuraram retratar a natureza tropical e produziram desenhos muito originais do ananás, do porco-espinho do mar e de uma graciosa capivara recostada em uma bananeira.

Temas de algumas ilustrações:

Cerises, du Bresil
Entrée dela Rivière de Ianeyro à la cote du Bresil
St. Sebastien, Ville Apiscopale du Bresil
Ananás, fruit de l'Amérique
Poire de mapou trovee á l'Isle Grande au Brésil
Fruit inconnu trouvé dans l'Isle Grande au Brésil
Porc-epic de Mer pris à Cote du Brésil
Capivard ou couchon d'Eau au Pied d'un Bananier
Plain de la Baye de Tous Les Saints

1699 – William Dampier

Notas sobre a viagem e o viajante

O renomado navegador, explorador e escritor William Dampier nasceu em East Coker, na Inglaterra, em 1651, e morreu em Londres, doente e desgastado, no inverno de 1715. Desde muito cedo dedicou-se à aventura e ao mar, sobretudo ao mar. Aos dezoito anos já estava sob velas, em um navio mercante de Weymouth. Dos vinte aos 23, acrescentou a seu currículo uma viagem à ilha de Java e uma participação, como marinheiro do navio *Royal Prince*, na terceira guerra anglo-holandesa.

Ferido em combate, o convalescente Dampier, em 1674, transferiu-se para a Jamaica, onde tentou administrar uma plantação de cana-de-açúcar. A vida de administrador, porém, parece ter-lhe seduzido pouco, pois, nove meses mais tarde, já estava de volta ao mar, servindo em diversos navios mercantes da região do Caribe. É, no entanto, somente a partir de 1679 que Dampier passa a exercer a atividade na qual se tornaria célebre: a de bucaneiro.

Em 1691, depois de muitas aventuras, Dampier retoma à Inglaterra e inicia a preparação de seus escritos, cuja saga vitoriosa começa em 1697, com a publicação de *A new voyage round the world*. Interessa-nos aqui em particular *A Voyage to New Holland*. Nele Dampier descreve a viagem de exploração que empreendeu, em 1699, a bordo do *HMS Roebuck*, à Austrália (denominava-se New Holland a parte oeste do continente) e à Nova Guiné, a sua primeira viagem a serviço do Almirantado Britânico. O *Roebuck* partiu de Downs, no sudoeste da Inglaterra, em janeiro de 1699. Rumo ao cabo da Boa Esperança, o navio passou pela Ilha da Madeira, por Santa Cruz de Tenerife, pela Ilha de Santiago, no arquipélago de Cabo Verde e, em março de 1699, deu na embocadura da Baía de Todos os Santos. Dampier permaneceu cerca de um mês em Salvador.

Obra

DAMPIER, William. *A Voyage to New Holland, &c., In the year 1699. Wherein are described, the Canary-Islands, the Isles of Mayo, and St. Jago. The Bay of All Saints, with the Forts and Town of Bahia in Brasil. Cape Salvadore. The winds on the Brazilian Coast, Abrolho-Shoals. A Table of all the Variations observ'd in this Voyage. Occurrences near the Cape of Good Hope. The course to New Holland. Shark's Bay. The Isles and Coast, &c. of New Holland. Their Inhabitants, Manners, Customs, Trade, &c. Their Harbours, Soil, Beasts, Bird, Fish &c. Trees, Plants, Fruits, &c. Illustrated with several Maps and Draughts; also divers Birds, Fishes, and Plants, not found in this part of the World, Curiously Ingraven on Copper. Plates. Vol. III. By Captain William Dampier.* London: Printed for James Knapton, at the Crown, 1703.

Edição em português

TAUNAY, Afonso de Escragnolle. *Na Bahia Colonial 1610-1764*. Rio de Janeiro, 1925 [Paráfrase do fragmento de William Dampier relativo ao Brasil].

Edição mais acessível na língua original

DAMPIER, William. *A Voyage to New Holland*. London: IndyPublish, 2006.

Fragmento da narrativa[*]

Há na cidade 13 igrejas, capelas, hospitais, conventos e ao menos uma residência de freiras. Em primeiro lugar, há a Catedral e o colégio dos Jesuítas, que são os principais edifícios da cidade e podem ser vistos do porto; depois há as igrejas paroquiais de santo Antônio e de santa Bárbara, a igreja dos franciscanos e a dos dominicanos, 2 conventos de carmelitas, a capela dos homens do mar próxima a uma praia, onde os barcos podem chegar facilmente e os marujos passarem rapidamente às orações e uma outra, na mesma rua, próximo à praia, para a gente pobre; há, ainda, uma capela para os soldados, nas imediações da cidade, distante do mar, e um hospital no centro da cidade. O convento de freiras situa-se fora da cidade, nas imediações da mata, onde, segundo disseram-me, residem 70 freiras. A cidade é cede de um arcebispado, que está instalado num belo palácio; o palácio do governador é um edifício de pedra clara, muito bonito quando visto do mar, mas que, infelizmente, está muito mal mobiliado. Tenho observado que tanto os portugueses quanto os espanhóis gostam de ostentar seus engenhos e grandes casarões, mas que, exceto por algumas pinturas, não ligam muito para a decoração. As casas da cidade são de 2 e 3 andares, com paredes grossas e sólidas, geralmente construídas com pedras e cobertas com telhas a maioria destas casas conta com balcões.

As ruas principais da cidade são largas e, na sua maioria, pavimentadas ou cobertas com umas pedras pequenas. Há, também, praças nos locais mais nobres e muitos jardins, na cidade e nos seus arredores, onde se cultivam árvores frutíferas, verduras, legumes e grande variedade de flores, mas tudo sem grande cuidado e nenhuma arte.

---

[*]O fragmento foi traduzido por Jean M. C. França.

Andanças pelo Brasil colonial

Iconografia

Table III   **Brazil**

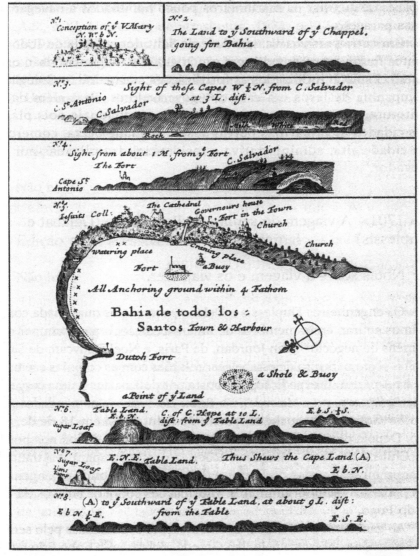

Figura 16 — Bahia de todos os Santos.

A terceira estampa do livro de Dampier é dedicada ao Brasil, particularmente à capitania da Bahia. Tomada do mar para terra, o perfil pretende sinalizar a chegada, pelo litoral, à cidade de Salvador. Neste tipo de representação espacial, destacam-se as variações do relevo, os altos e baixos, as rochas, as ilhas e as fortificações, acidentes capazes de auxiliar os marinheiros pouco habituados a navegar por essas paragens.

Em outra perspectiva, a cidade do Salvador e a Baía de Todos os Santos foram representados em um ângulo de 90 graus (visão ortogonal). Estão aí localizados as fortificações, a catedral, o Colégio da Companhia de Jesus e a casa dos governadores. Para além da arquitetura, torna-se possível observar os tradicionais dois planos das cidades ultramarinas portuguesas: a cidade baixa, comercial, e a cidade alta, administrativa e residencial, interligadas por um elevador.

1701 – A viagem do senhor de Beauchêne (Delabat e Duplessis)

Notas sobre a viagem e os viajantes

Os engenheiros Duplessis e Delabat, acerca dos quais nada conseguimos apurar, eram membros de uma expedição, organizada por dois homens de negócio – Jean Jourdan, de Paris, e Noel Danycan, de Saint-Malo –, com o intuito de estabelecer relações com as colônias espanholas na América. A expedição, composta por dois navios e uma corveta – o *Le Phélipeaux*, o *Le Maurepas* e a *Bonne-Nouvelle* – e comandadas pelo senhor Gouin de Beauchêne, partiu de Saint-Malo em 18 de dezembro. Depois de conseguirem resultados comerciais pífios nos portos do Chile e do Peru, as embarcações, ao retomar para o Atlântico, ficaram meses retidas no Estreito de Magalhães – onde os engenheiros puderam recolher inúmeras informações sobre os nativos da Terra do Fogo.

Ao ganharem o Atlântico, as embarcações comandadas pelo senhor de Beauchêne passaram pela Ilha Grande, dobraram o Cabo Frio e fizeram uma pequena escala no Rio de Janeiro.

Obras

DELABAT. Description des terres vues pendam le voyage de M. de Beauchesne les années 1699, 1700 et 1701 par le Sr. de Labat Ingennieur Embarqué sur son vaisseau. In: DUVIOLS, Jean-Paul. *Une expédition française sur les côtes de l'Amérique méridionale en 1699, 1700 et 1701. T.I.L.A.S.*, n.XI, Université de Strasbourg, 1971, p.117-68.

DUPLESSIS. Description des Sauvages Patagons qui hanitem le Détroit de Magellan. In: DUVIOLS, Jean-Paul. *Une expédition française sur les côtes de l'Amérique méridionale en 1699, 1700 et 1701. T.I.L.A.S.*, n.XI, Université de Strasbourg, 1971, p.166-8.

Edição em português

Não há.

Edição mais acessível na língua original

Não há.

Fragmentos das narrativas

Entre os negros, negras e mulatas há alguns alforriados, pois é costume entre os portugueses deixar suas mulheres brancas, ainda que sejam muito belas, para deitarem-se com as negras e mulatas. Há, a seus olhos, duas vantagens nisso. Em primeiro lugar, dizem, a mudança de carne renova o apetite; em segundo, todas as crianças provenientes de tal relação fazem crescer o plantel de escravos da família.

Esta prostituição freqüentemente leva os homens, quando à beira da morte, a libertar as escravas que lhe serviram de concumbina durante a vida – por vezes, libertam todos os seus escravos, mas isso é mais raro. (Delabat – descrição do Rio de Janeiro)

Outrora, esta ilha foi habitada por portugueses, mas tantas vezes os piratas a atacaram e pilharam, que os habitantes se viram obrigados a mudar para a terra firme. Instalaram-se, então, a 3 milhas distantes da ilha, em um burgo de tamanho razoável, onde estão até hoje. O lugar conta com três igrejas, uma igreja matriz, um convento de carmelitas e outro de franciscanos, e mais seiscentos habitantes, entre portugueses, escravos índios, caraíbas e negros ... . (Duplessis – descrição da Ilha Grande)

Iconografia

Não há.

1703 – *Anônimo*

Notas sobre a viagem e o viajante

Pouco depois do retorno da expedição comandada pelo senhor de Beauchêne, em 1701, o armador de Saint-Malo Daycan d'Epine conseguiu, com o secretário de estado da Marinha, o conde de Pontchartrain, autorização para armar outra frota comercial e exploratória destinada ao mar do sul. Para mais esta empreitada na região, o armador designou duas fragatas, a Cmte de La Bédoyere e a Président de Grénédan, e entregou o comando de ambas a dois experientes marinheiros: Pierre Perrée du Coudray, senhor de Villestreux, e Jean de Launay.

As duas embarcações partiram de Saint-Malo em 22 de outubro de 1701, passaram pelas Canárias, pela Ilha de Ascensão, dobraram o Estreito de Magalhães e, em março de 1702, alcançaram o porto de Conceptión. Depois de longa estada no litoral chileno, as embarcações, em 5 de março de 1703, entraram no porto do Rio de Janeiro para uma estada de quatro semanas.

Obra

ANÔNIMO. Journal de bord du Président de Grénédan. In: VILLESTREUX, L. A. *Deux corsaires malouins sous le regne de Louis XIV: La guerre de course; Dans la mer du Sud.* Paris: H. Champion, 1929, p.126s. (somente frangmentos).

Edição em português

Não há.

Edição mais acessível na língua original

Não há.

Fragmento da narrativa

Os portugueses vestem-se muito decentemente e de maneira extremamente seme-lhante aos franceses; e há entre eles homens bonitos e de boa compleição. O belo sexo é também bonito aos olhos, mas, a dar ouvidos à gente daqui, não há na cidade mais do que quatro mulheres virtuosas. Tais mulheres são transportadas em uma rede, dependurada em um bastão e coberta por um imeperial, que é carregada por dois negros. Elas saem de casa nestes palanquins somente para ir à igreja ou para realizar algumas visistas; todavia, quando os seus maridos estão fora, comportam-se de ma-neira muito livre em suas casas ...

Iconografia

Não há.

1703 – Anônimo

Notas sobre a viagem e o viajante

A voracidade com que as lavouras da América consumiam mão de obra escrava deu ensejo à organização, durante os séculos XVII e XVIII, de inúmeras companhias comerciais dedicadas ao tráfico negreiro. Incapazes de suprir a eterna carência de braços desse mercado, essas companhias sucederam umas às outras. Durante boa parte do século XVII, o comércio com a costa ocidental da África foi monopolizado pela Companhia das Índias Ocidentais. Em 1673, foi a vez de a Companhia do Senegal assumir o compromisso de introduzir mil negros por ano nas ilhas da América. Depois dela, em 1685, organizou-se a Companhia da Guiné, e, em 1701, por um acordo celebrado entre as coroas da Espanha e da França, a Companhia do Assento – que passa a deter o monopólio do abastecimento de escravos para a América meridional.

O autor do *Journal d'un Voyage*, do qual se desconhece a identidade, pertenceu a essa última empresa comercial, provavelmente na qualidade de agente. Em seu diário, narra, a um amigo parisiense, as aventuras que viveu no percurso entre La Rochelle e Buenos Aires, com demoradas passagens pela costa da Guiné e por alguns portos brasileiros – Salvador (abril a maio de 1703) e Rio de Janeiro (10 de julho a 12 de agosto de 1703), nomeadamente.

Obra

ANÔNIMO. *Journal d'un voyage sur les Costes d'Afrique et aux Indes d'Espagne avec une description particuliere de la riviere de la Plata, de Bueno-sayres, & autres lieux; commencé en 1702 & fini en 1706*. Amsterdam: Aux dépens de la Compagnies, 1730.

Edições em português

ANÔNIMO. "Journal d'un Voyage sur les Costes d'Afrique et aux Indes d'Espagne". In: FRANÇA, Jean Marcel Carvalho. *Visões do Rio de Janeiro Colonial: antologia de textos, 1531-1800*. Rio de Janeiro: José Olympio, 1999, p.56-65 [Fragmento relativo ao Rio de Janeiro].

TAUNAY, Affonso de Escragnolle. *Rio de Janeiro de Antanho: impressões de viajantes estrangeiros*. São Paulo: Companhia Editora Nacional, 1942 [Paráfrase do fragmento do *Journal d'un Voyage sur les Costes d'Afrique...* relativo ao Rio de Janeiro].

_____. *Na Bahia Colonial 1610-1764*. Rio de Janeiro, 1925 [Paráfrase do fragmento do *Journal d'un Voyage sur les Costes d'Afrique...* relativo à Bahia].

Edição mais acessível na língua original

Não há.

Fragmento da narrativa[*]

Nem todas as igrejas são bonitas, mas todas são muito paramentadas e douradas. A catedral, denominada pelos habitantes de Sé, está localizada na cidade alta. O templo, um dos mais belos que já vi, é um edifício grande, alto e todo construído com pedras de cantaria. O colégio dos Jesuítas é bastante suntuoso, não havendo nenhum na França que se lhe possa comparar. Digno de nota é, especialmente, a sacristia da igreja do colégio, que conta com 100 pés de cumprimento, por 30 de largura. As paredes são cobertas com um lambris de jacarandá – creio ser a mesma maneira que na França conhecemos como madeira violeta, em virtude de sua cor –, do assoalho até o teto, onde há uma pintura agradável. Do lado em que os padres se vestem, há uma série de quadros, que dizem ser dos melhores mestres da Itália. Do lado oposto, entre as sacadas, se encontram um grande número de bonitos armários uniformes e bem trabalhados, feitos da mesma madeira do lambris. Essa sacristia, não obstante a sua beleza e o seu tamanho, tem uma aparência austera e tão particular que me agradou mais do que todo o resto do edifício. [Fragmento relativo à cidade de Salvador]

... Estes senhores que governam as colônias só têm em conta os seus interesses. O governador desse local não contraria essa regra. Dirigimo-nos a ele, eu e M ..., e pedimos permissão para embarcar rumo à colônia de São Sacramento, a bordo do navio que se dispusera a fazer vela com esse destino. Sua Excelência respondeu-nos que, se dependesse somente dele, poderíamos fazê-lo imediatamen-

---

[*] O fragmento foi traduzido por Jean M. C. França.

te, mas que, infelizmente, o seu Rei o tinha proibido terminantemente de deixar sair do porto do Rio de Janeiro qualquer navio estrangeiro que rumasse para aquela colônia do sul. Também disse que os navios portugueses foram proibidos de levar estrangeiros para esse destino. Ainda segundo ele, apesar de o rei de Portugal ter lhe recomendado que protegesse e auxiliasse os franceses, a primeira ordem não podia ser contrariada. Em qualquer outro ponto ele atender-nos-ia com prazer, pois tinha grande apreço pela nação francesa. Tentamos de todas as maneiras explicar-lhe que, caso não chegássemos a Buenos Aires antes da partida do L'Aigle, ficaríamos completamente sem recursos. Mas ele permaneceu irredutível. Nossa abordagem foi inadequada? Se ele persiste na sua posição, o que será de nós? Eu tinha de alguma maneira previsto que isso iria acontecer. Deveríamos primeiro ter entregado ao governador o nosso presente e só depois avançado com o pedido. Estou quase certo de que tal procedimento teria removido todos os empecilhos e de que teríamos saído muito mais felizes do encontro. Será necessário fazer uma nova tentativa, utilizando todos os meios ao nosso alcance. Temo que isso saia mais caro do que imaginamos. Omnia cum pretio Romae. Creio que o dinheiro tem aqui o mesmo poder de persuasão que tinha em Roma, nos tempos de Juvenal. É inútil, nessa cidade, passar desapercebido, por isso, todas as nossa esperanças estão agora depositadas no tal presente.

No dia primeiro de agosto, após algumas consultas, resolvemos dar quarenta moedas de ouro ao secretário do governador. Amanhã, o senhor Bonnechere realizará essa operação. Depois de amanhã, voltaremos à carga para averiguar quais os efeitos da nossa oferenda. Ela levará seguramente o senhor governador a refletir melhor sobre a questão. Estou certo de que não o encontraremos tão fiel às ordens de Sua Majestade. No dia 2, as moedas de ouro foram entregues e, melhor de tudo, aceitas. E, como é sabido, quem recebe se compromete.

No dia 3, constatamos o sucesso da nossa operação. Sua Excelência não só concordou em atender todos os nossos pedidos, como ainda foi extremamente obsequioso. O ouro persuade mais do que qualquer argumento; não há dificuldade que ele não remova. [Fragmento relativo ao Rio de Janeiro]

Iconografia

Não há.

1706 – Martin de Nantes

Notas sobre a viagem e o viajante

Nascido em Nantes (França), em meados do século XVII, o frei Martinho de Nantes atuou como missionário capuchinho no Brasil entre 1671 e 1687. Depois de desembarcar em Salvador, ele seguiu para uma das aldeias dos índios kariri no sertão. Sobre esses ameríndios, registrou os costumes e a língua, indispensáveis para, mais tarde, Bernando de Nantes compor o seu *Catecismo índico na língua kariri (1709)*.

No sertão do São Francisco, Nantes enfrentou o pecuarista Francisco Dias d'Ávila, que frequentemente invadia as terras dos capuchinhos para capturar Índios e saquear as suas roças. Os episódios narrados pelo frei são preciosos por testemunhar a denominada *Guerra das Bárbaros*, massacre levado a cabo pelos colonos luso-brasileiros contra os índios do interior do Nordeste. A sua *Relação de uma missão* no rio *São Francisco* veio a público somente em 1707.

Obra

MARTIN DE NANTES, O. M. *Relation succinte et sincere De la Mission du Pere Martin de Nantes, Predicateur Capucin, Missionaire Apostolique dans le Brezil parmy les Indiens appeles Cariris*. Paris: Quimper, J. Perier [nd].

Edição em português

MARTIN DE NANTES, O. M. *Relação de uma missão no rio São Francisco*. Trad. e comentário de Barbosa Lima Sobrinho. São Paulo: Companhia Editora Nacional/MEC, 1979.

Edição mais acessível na língua original

MARTIN DE NANTES, O. M. *Relation succinte et sincère de la mission du père Martin de Nantes, prédicateur Capucin, missionnaire apostolique dans le Brésil*. Bahia: Tipogr. Beneditina, 1952.

Fragmento da narrativa

Entrando nas solidões vastas e assustadoras, fui surpreendido por um certo medo, tanto mais quando não havia uma folha sobre as árvores e pareciam com as nossas, em tempo do inverno, e não se cobriam de folhas senão quando vinham as chuvas, nos meses de fevereiro ou março. O canto lúgubre de certos pássaros aumentava ainda mais esse terror; tudo isto me parecia como a imagem da morte. Além disso esse país é muito montanhoso e as montanhas muito altas. Enfim, depois de treze ou quatorze dias de viagem, chegamos à aldeia. É assim que os portugueses denominam as habitações ou os burgos dos índios. Não sei, em verdade, se se pode estar, sem morrer, mais cansado e extenuado do que eu me sentia, pois era tanto o cansaço, que nem me podia manter de pé.

Iconografia

Não há.

1708 – Uma viagem de pirataria aos mares do Sul (Edward Cooke e Woodes Rogers)

Notas sobre a viagem e os viajantes

O pirata inglês Woodes Rogers (1678-9-1732), autor de uma das mais conhecidas e influentes narrativas de viagem do século XVIII, nasceu no seio de uma família de navegadores de Bristol e, desde muito cedo, dedicou-se às viagens marítimas.

Em 1708, Rogers, em parceria com graúdos comerciantes de Bristol, armou duas embarcações, o *Duke* e o *Dutchess*, e partiu, do porto de King Road, no dia 2 de agosto, para aquela que seria uma das mais bem-sucedidas viagens de corso empreendidas pelos ingleses no Pacífico.

Antes, porém, de ganhar os mares do Sul, as embarcações, depois de passarem pelas Ilhas Canárias e pela Ilha de São Vicente, em Cabo Verde, fizeram aguada na Ilha Grande. Dessa arribada, que durou somente duas semanas (de 16 a 30 de novembro de 1708), chegaram até nós as duas descrições: a do próprio Woodes Rogers e a composta pelo segundo capitão do *Dutchness,* um marinheiro de nome Edward Cooke.

Obras

COOKE, Edward. *A Voyage to the South Sea, and Round the world, performed in the years 1708, 1709, 1710, and 1711, by the Ships Duke and Duchess of Bristol. Containing a Journal of all memorable Transaction during the said Voyage; the Winds, Currents, and Variation of the Compass; the taking of the Towns of Puna and Guayaquil, and several Prizes, one of wich a rich Acapulco Ship. A Description of the American Coasts, from Tierra del Fuego in the South, to California in the North (from Coasting-Pilot, a Spanish Manus-cript). Wherein an Account is given of Mr. Alexander Selkik, his Manner of living and taming some wild beasts during the four Years and four Months he liv'd upon the uninhabited Island of Juan Fernandes. Illustrated with Cuts and Maps. In two Volumes.* London: Printed by H. M. for B. Lintot and R. Gosling, 1712.

ROGERS, Woodes. *A Cruising Voyage round the world: First to the South-Sea, thence to the East-Indies, and homewards by the Cape of Good hope. Begun in 1708 and finish'd in 1711. Containing a Journal of all the remarkable transactions particularly, Of the Taking of Puna and Guiaquil, of the Acapulco Ship, and other Prizes; An Account of Alexander Selkirk's living alone four Years and four Months in an Island, and A brief Description of several Countries in our Course noted for Trade, especially in the South-Sea. With maps of all the Coast, from the best Spanish manuscript Draughts And an Introduction relating to the South Sea Trade. By Captain Woodes Rogers Commander in Chief on this Expedition, with the Ships Duke and Dutchess of Bristol.* London: A. Bell; B. Lintot, 1712.

Edição em português

Não há.

Edição mais acessível na língua original

COOKE, Edward. *A Voyage to the South Sea, and Round the World, Perform'd in the Years 1708-11. By the Ships Duke and Dutchess of Bristol. Cantaining a Journal of All Memorable Transactions (Etc.). A Description of* the American Coasts, from Tierra Del Fuego to California. Amsterdam/New York: Nico Israel/Da Capo, 1971, *fac-símile* reimpresso de 1712, London Edition.

ROGERS, Woodes. *A Cruising Voyage Around the World: First to the South-Seas, Thence to the East-Indies, and Homewards by the Cape of Good Hope. Begun in 1708 and Finish'd in 1711.* Crabtree: Narrative Press, 2004.

Fragmentos das narrativas

Ancoramos na Baía de São Jorge, formada pela Ilha Grande, próximos à terra, num fundo de 10 braças de água clara e fundo arenoso – o ponto norte da dita baía estava posicionado a N. N.O. e o ponto sul, a S.O. pelo O. A ilha encontra-se muito próxima do continente e é muito bem suprida de madeira e água, mas está desabitada. A cidade de Angra dos Reis, situada no continente, a cerca de 3 milhas da ilha, é muito pequena: em torno de cinqüenta ou sessenta casas mal construídas e modestas, com paredes de barro e cobertas com folhas de palmeira. Há, contudo, no lugar, um convento Franciscano e duas igrejas decentes, ainda que não tão ricamente decoradas como as de outros lugares. Os habitantes contaram-nos que, havia pouco, navios franceses tinham saqueado as igrejas, levando toda a prata e os ornamentos. Deve ser esta a razão pela qual as casas da cidade não são mais bem mobiliadas. Talvez, como não estavam certos se éramos amigos ou inimigos, eles tenham removido e escondido seus pertences de maior valor. (Edward Cooke)

Na manhã do dia 27, o capitão Courtney, eu e muitos dos nossos oficiais – exceto aqueles que tinha deixado no navio para concluir as últimas tarefas – tomamos o bote e rumamos para Angra dos Reis. Era o dia da concepção da Virgem Maria e a população da cidade organizou uma grande procissão. O governador, o senhor Rafael da Silva Lagos, recebeu-nos com muita simpatia e perguntou-nos se tínhamos ido à procissão e ao convento. Explicamo-lhe que a nossa religião era muito diferente da dele. Ele respondeu que éramos bem-vindos para assistir à cerimônia e não precisávamos participar dela. Um grupo de dez homens aceitou o convite, entre os quais dois trompistas e um tocador de oboé, os quais o governador desejava que se apresentassem na igreja com o acompanhamento de um órgão e de dois padres cantores. A banda inglesa tocou Hey boys up go we! *e uma série de outras melodias ruidosas. Terminada a cerimônia, nossos músicos, que já estavam bastante embriagados, marcharam à frente da companhia, seguidos de perto por um velho padre e por dois frades, que carregavam os incensários com as hostes. Em seguida, sobre um ataúde todo ornado com flores e velas de cera, carregado nos ombros por quatro homens, vinha a imagem da Virgem Maria. Depois, seguiam o padre guardião do convento franciscano e cerca de quarenta religiosos, entre padres e frades. O governador da cidade, eu e o capitão Courtney vínhamos atrás deles com uma grande vela acesa na mão. O restante dos oficiais, os principais da cidade e os noviços caminhavam logo atrás, todos carregando também uma longa vela de cera acesa. A cerimônia durou cerca de duas horas, ao fim das quais fomos magnificamente recebidos pelos padres do convento e pelo governador na residência deste, a casa da guarda, situada a 3 léguas dali. Vale destacar que, durante a procissão, os portugueses se punham de joelhos a cada encruzilhada e, ao caminharem em torno do convento, entravam por uma porta lateral, ajoelhavam-se e pagavam sua devoção a uma imagem da Virgem, iluminada por velas. De nós ingleses, segundo disseram unanimemente, não esperavam nada além do que a música que poderíamos proporcionar.* (Woodes Rogers)

Iconografia

Não há.

1711 – A invasão do Rio de Janeiro em 1711 (Joseph Collet, René Duguay-Trouin, Louis Chancel de Lagrange, Guillaume Fraçois du Parscau)

Notas sobre a viagem e os viajantes

A 12 de setembro de 1711, a esquadra do almirante francês René Duguay-Trouin (1673-1736), aproveitando um forte nevoeiro, entrou triunfante pela Baía da Guanabara e, em menos de uma semana, assenhorou-se da cidade do Rio de Janeiro e de suas fortalezas. Os invasores aí permaneceram até o dia 13 de novembro, quando partiram levando nos porões de suas naus um polpudo resgate arrancado aos cariocas.

Excetuando uns poucos documentos portugueses, há pelo menos quatro perspectivas deste imprevisto que tanto prejuízo causou aos cariocas: a primeira foi traçada pelo próprio idealizador e líder da empresa, o almirante Duguay-Trouin; a segunda é da autoria do bretão Guillaume François Parscau (1684-?), ou melhor, De Parscau du Plessix, um guarda-marinha, de 27 anos, que havia oito anos entrara para a Marinha Real; a terceira pertence ao capitão-general guarda-costas Chancel de Lagrange (1678-1745), outro marinheiro profissional, então com dezoito anos de serviços prestados à Marinha francesa e com larga experiência; a última perspectiva, a única que não saiu da pena de um francês, foi traçada por Joseph Collet (1673-?), um comerciante falido que passava pelo Rio de Janeiro a caminho de Sumatra, onde assumiria, a mando da Companhia das Índias Ocidentais, o cargo de governador do forte de York.

Obras

COLLET, Joseph. *The Private Letter books of Joseph Collet. Edited with an introd. and notes by H.H. Dodwell and an appendix by Clara E. Collet.* London: New York: Longmans, Green and Co., 1933.

DUGUAY-TROUIN, René. *Memoires de M. Du Gué-Trouin, Chef D'Escadre Des Armées De S.M.T.C. et Grand-Croix de l'Ordre Militaire de S. Louis.* Amsterdam: Chez Pierre Mortier, 1730.

LAGRANGE, Louis Chancel de. Campagne du Brésil faite contre les Portuguais, 1711. *Revista do Instituto Histórico Geográfico Brasileiro*, v.270, 1967, p.18-44.

PARSCAU, Guillaume François. Journal Historique ou Relation de ce qui s'est passé de plus mémorable dans la campagne de Rio de Janeiro par l'escadre du Roi commandés par M. Duguay-Trouin en 1711. In: *Actes du Cinquantenaire de la création en Bretagne de l'enseignement du Portugais.* Paris: Presses du Palais Royal, 1977, p.185-224.

Edições em português

DUGUAY-TROUIN, René. *Memórias do Senhor Duguay-Trouin: tenente-general das forças navais da França e comandante da ordem real e militar de São Luis.* Apresentação de Francisco Carlos Teixeira da Silva, Alexander

Martins Vianna; Trad. Oswaldo Biato e Francisco Carlos Teixeira da Silva. Rio de Janeiro: Arquivo Nacional; São Paulo: Imprensa Oficial SP; Brasília: Editora UnB, c2003.

DUGUAY-TROUIN, René. "Mémoires de Monsieur Du Guay-Trouin". In: FRANÇA, Jean Marcel Carvalho. *Outras visões do Brasil Colonial: antologia de textos (1582-1808)*. Rio de Janeiro: José Olympio, 2000, p. [Fragmento relativo ao Brasil].

LAGRANGE, Louis Chancel de. "Campagne du Brésil faite contre les Portuguais, 1711". In: FRANÇA, Jean Marcel Carvalho. *Outras visões do Brasil Colonial: antologia de textos (1582-1808)*. Rio de Janeiro: José Olympio, 2000, p.137-75 [Fragmento relativo ao Brasil].

PARSCAU, Guillaume François. "Journal Historique ou Relation de ce qui s'est passé de plus mémorable dans la campagne de Rio de Janeiro...". In: FRANÇA, Jean Marcel Carvalho. *Outras visões do Brasil Colonial: antologia de textos (1582-1808)*. Rio de Janeiro: José Olympio, 2000, p.70-137 [Fragmento relativo ao Brasil].

Edições mais acessíveis na língua original

DUGUAY-TROUIN, René. *Mémoires. Duguay-Trouin*. Paris: Ancre de Marine, 2000.

COLLET, Joseph. *The Private Letter books of Joseph Collet. Edited with an introd. and notes by H.H. Dodwell and an appendix by Clara E. Collet*. London/ New York: Longmans, Green, 1933.

Fragmentos das narrativas

Senhor, tanto a data quanto o assunto dessa carta irão surpreendê-lo, mas a situação é mesmo a que se segue. No dia 18 de agosto entramos no porto do Rio de Janeiro, tendo para isso desviado 5° do caminho que havíamos estabelecido. As razões de tal desvio serão explicadas pelo capitão Austen e por seus oficiais. Quatorze dias depois da nossa chegada, o senhor Duguay-Trouin, à frente de 15 navios de guerra franceses, algumas fragatas e 2 bombardas, entrou no porto e, em menos de 1 hora, dele assenhorou-se. E isso malgrado a oposição dos fortes portugueses e de 4 dos seus navios de guerra. Em 3 dias, os franceses se apossa-

ram da cidade e de todos os fortes, os quais eram bastante poderosos. As forças terrestre e naval francesas perfaziam cerca de 3.500 homens. Os portugueses, por seu turno, contavam com 1.000 soldados das tropas de linha, 200 marinheiros, 4.000 cidadãos armados e entre 7 e 8 mil negros. Todos, depois de uma pequena canhonada e sem que houvesse um único ferido, deixaram a cidade durante a noite, mandando à frente suas mulheres e riquezas. E assim procederam não por falta de armas ou munição, que foi deixada para trás em grandes quantidades. (Joseph Collet)

No dia 11 de setembro, achamos fundo. Fiz algumas medições e, a seguir, aproveitando uma brisa noturna, forcei as velas com o intuito de chegar, como de fato vim a chegar, a oeste da baía do Rio de Janeiro ao romper do dia. O sucesso dessa operação dependia, obviamente, da rapidez, da capacidade de não dar ao inimigo tempo para preparar-se. Tendo isso em conta, tratei de enviar a todos os navios da frota as ordens que cada um deveria observar: ao cavaleiro de Courserac, que conhecia um pouco a região, ordenei que colocasse o seu navio à frente da esquadra, e aos senhores de Gouyon e de Beauville, que o seguissem. Coloquei-me logo atrás deles, de modo a poder acompanhar o que se passava na vanguarda e na retaguarda do comboio. Fiz, então, sinal para que os senhores de Jaille, Moinerie-Miniac e todos os outros capitães de esquadra colocassem as suas embarcações em fila, de acordo com o poder de fogo de cada uma.

Pela presteza com que executaram as minhas determinações, pude avaliar a boa qualidade dos meus capitães e também dos mestres das duas bombardas e das presas inglesas que trazíamos, os quais, sem alterar as rotas de suas embarcações, suportaram o fogo contínuo de todas as baterias inimigas. Os bons exemplos realmente produzem efeitos extraordinários. Especial destaque na operação teve o cavaleiro de Courserac, não só pela precisão da sua manobra, como também, e sobretudo, pela destreza com que, expondo-se aos primeiros tiros de todas as baterias inimigas, nos franqueou o caminho.

Foi assim que forçamos a entrada nesse porto, porto defendido por uma quantidade prodigiosa de artilharia e por quatro navios e quatro fragatas de guerra enviadas pelo Rei de Portugal para proteger o lugar. Essas embarcações estavam dispostas de modo a defender a entrada do porto, porém, ao perceberem que nem o fogo de sua artilharia nem os disparos dos fortes deteriam a nossa esquadra e que rapidamente as abordaríamos, optaram por cortar os cabos e encalhar sob as baterias da cidade. Em toda essa operação, 300 dos meus ho-

mens foram colocados fora de combate. Para que se possa avaliar devidamente o quão ousado foi o ataque, descreverei a situação do porto, da cidade e de suas fortalezas. (Duguay-Trouin)

Uma vez dado o sinal, a armada, às 2 horas da tarde, aproveitando um excelente vento de leste, forçou as velas, rumando à princípio para norte e, em seguida, para noroeste, com o objetivo de, apesar da artilharia dos fortes e dos navios inimigos, transpor a embocadura. O cavaleiro de Courserac, que ia à frente, recebeu o fogo do grande forte de Santa Cruz, que conta com 46 canhões, e do forte de São João, de 18 canhões. A resposta da mosquetaria e da artilharia do cavaleiro de Courserac, de 36 e 24 libras de bala, foi tão vigorosa que a esquadra – cada embarcação fazendo fogo dos dois bordos contra as fortalezas –, meia hora depois, estava dentro da baía. Tínhamos, de través, a ilha da Boa Viagem, contra a qual abrimos fogo. O mesmo fizemos contra o forte da ilha de Villegagnon, de 20 canhões, o qual, subitamente, sem que soubéssemos o porque, voou pelos ares com toda a sua guarnição e três capitães portugueses. Esse acidente abalou enormemente o almirante Maquinês, que resolveu encalhar os seus quatro navios de guerra no porto, sob a proteção das fortalezas, sem que nada pudéssemos fazer para impedir tal manobra. (Chancel de Lagrange)

É preciso saber que estes paulistas são um amontoado ou mistura de todos os povos e raças, mistura em que predomina a raça portuguesa, e que são mais ou menos como os flibusteiros. Há muito tempo que eles se estabeleceram em uma zona do território próximo das minas, onde têm uma bela cidade chamada São Paulo, da qual tiram o nome. Sempre reconheceram o rei de Portugal como seu soberano, mas, quando o monarca quis dar-lhes um governador, opuseram-se e expulsaram o representante de Sua Majestade, constituindo uma pequena república que tem como lei fundamental nunca receber comandante da parte do Rei, mas pagar-lhe, não obstante, o quinto do ouro que extraem das minas – e, pelo que se diz, são muito corretos nisso. Esse espírito de independência lhes tem muitas vezes conduzido à guerra. E eles a têm feito, sem, no entanto, alcançaram a liberdade almejada ou serem submetidos. Os paulistas não estão afastados do mar. O porto de Santos, no sul da costa, que passa por ser muito bom e seguro, é o seu escoadouro. (Guillaume François Parscau)

Iconografia

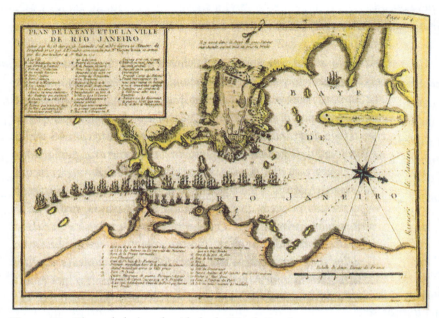

Figura 17 – Plano da baía e da cidade do Rio de Janeiro.

As primeiras edições das memórias de Duguay-Trouin são ilustradas com duas plantas da Baía da Guanabara, retratando a triunfal entrada da frota francesa em uma manhã de forte nevoeiro, em setembro de 1711. A planta ainda informa, com grande dose de detalhes, a geografia da baía, as fortificações, a disposição dos barcos portugueses e os traçados de ruas, prédios públicos, igrejas e casarios.

1711 – Jonas Fink

Notas sobre a viagem e o viajante.

Em 1705, o rei luterano Frederico IV, da Dinamarca, depois de infrutíferas pesquisas no seu país, localizou, na vizinha Alemanha, dois religiosos, Bartholomaeus Ziegenbalg e Henry Pluetschau, dispostos a estabelecer uma missão protestante em Tranquebar, na Índia. Em 1709, o zelo dos pietistas germanos ganhou importante parceira: a Society for Promoting Christian Knowledge. Desprovida de voluntários dispostos a pregar em tão remota parte do mundo, a SPCK optou por anualmente despachar para Tranquebar uma generosa quantia em dinheiro e algumas mercadorias.

Em 1711, a Sociedade superou-se e remeteu para os pietistas uma prensa completa – a primeira instalada em território indiano – e um tipógrafo amador alemão de nome Jonas Finck. Esse tipógrafo e missionário, munido da referida prensa e de 250 cópias em português do Evangelho de São Mateus, deixou a Inglaterra entre abril e maio de 1711, dirigindo para os Açores e daí para a costa da África. A travessia do Atlântico foi bastante morosa e a embarcação só chegou ao Rio de Janeiro em 17 de agosto. Nessa cidade, onde permaneceu cerca de dois meses (20 de outubro), o missionário teve a infelicidade de presenciar o ataque do capitão francês Duguay-Trouin.

Obra

FINCK, Jonas. In: ZIEGENBALG, Barthomaeus et al. *Propagation of the Gospel in the East: Being an Account of the Success of two Danish Missionaries, Lately Sent to the East-Indies, for the Conversion of the Heathens in Malabar. In several Letters to their Correspondents in Europe. Containing a narrative of their voyage to the Coast of Coromandel ... Rendered into English from the High-Dutch: and Dedicated to the most Honourable Corporation for the Propagation of the Gospel in Foreign Parts.* 3.ed. London: Joseph Downing, 1718.

Edição em português

ZIEGENBALG, Barthomaeus. "Propagation of the Gospel in the east...". In: FRANÇA, Jean Marcel Carvalho. *Visões do Rio de Janeiro Colonial: Antologia de textos, 1531-1800.* Rio de Janeiro: José Olympio, 1999, p.67-74 [Fragmento relativo ao Brasil].

Edição mais acessível na língua original

Não há.

Fragmento da narrativa

Não posso falar do estado da religião nessa parte do mundo, sem sentir um pouco de compaixão por esse povo perdido na escuridão e mergulhado na ignorância. O clero é tão inculto que, entre dez desses homens de Deus, é com dificuldade que se encontra um capaz de ler o Missal em latim. Ainda que admitamos que os religiosos possam ser bons e prestáveis sem saber latim, julgo que o conhecimento de tal língua em muito os ajudaria a ter acesso à sabedoria contida na Divina Escritura. O povo, em geral, está engolfado na devassidão e tem como única preocupação encontrar ouro e prata. Os jesuítas mantêm um colégio na cidade, instalado num prédio bastante imponente. Tive oportunidade de conversar diversas vezes com esses religiosos. Eles habitualmente separavam um dos membros da ordem, em geral o mais graduado na língua latina, para funcionar como porta-voz, enquanto os outros apenas escutavam. Eu, sempre que podia, encaminhava a conversação para a teologia prática, sem tocar em aspectos controversos. Mas eles preferiam abordar a teologia de uma maneira escolástica. Disse-lhes, porém, que nem o local nem a hora eram propícios para discutir tão controverso assunto. Quando manifestei o desejo de adquirir um exemplar, em língua portuguesa, da obra Christian Pattern, de Thomas-à-Kempis, notei que nenhum deles tinha ouvido falar desse autor. Coisa que muito espanto me causou, pois esse tratado é universalmente conhecido e aprovado por todas as nações cristãs da Europa. Ao ouvir o nome Thomas-à-Kempis, os jesuítas perguntaram se eu não me referia a São Tomás de Aquino e à sua vasta obra. Aliás, nesse país, encontrei poucos livros que merecessem ser comprados.

Iconografia

Não há.

Andanças pelo Brasil colonial

1712-1714 – Amédée François Frézier

Notas sobre a viagem e o viajante

O francês Amédée François Frézier (1682-1773), nascido na cidade de Chambéry, na Saboia, em 1682, é um dos mais conceituados visitantes que passaram pela América Austral na primeira metade do século XVIII. Filho de uma respeitada família de magistrados que havia tempos imigrara da Escócia para a região sardo-piemontesa, o jovem Frézier estudou no conceituado colégio Mazarine e seguiu, no Collège de France, os ensinamentos do renomado geômetra e astrônomo Philippe de La Hire. Em 1707, Frézier é admitido como engenheiro do Exército e, por esta mesma época, publica os seus primeiros livros.

Em 1711, Frézier foi encarregado de uma missão deveras importante: realizar uma viagem de reconhecimento aos portos das colônias espanholas situadas na costa oeste da América Austral. Ao longo dessa viagem, Frézier por duas vezes passou por portos brasileiros: na ida, em 1712, a embarcação em que viajava tocou em Santa Catarina; dois anos mais tarde, quando retomava para a França, Frézier, entre abril e maio de 1714, buscou novamente a costa brasileira, agora na altura da Baía de Todos os Santos.

Obra

FRÉZIER, Amédée François. *Relation du Voyage de la mer du Sud aux côtes du Chily et du Perou. Fait pendant les années 1712, 1713 & 1714. Dediée à S. A. R. Monseigneur le Duc d'Olrleans Regent du Royaume Par M Frezier, Ingenieur ordinaire du Roy. Ouvrage enrichi de quantité de Planches en taille douce.* Paris: Chez Jean-Geoffroy Nyon, Quay de Conti, 1716.

Edições em português

TAUNAY, Afonso de Escragnolle. *Santa Catharina nos Annos Primevos.* São Paulo: *Diário Oficial,* 1931, p.7-14 [Paráfrase do fragmento de Amédée François Frézier relativo à ilha de Santa Catarina].

FRÉZIER, Amédée François. In: HARO, Martim Afonso Palma de (Org.). *Ilha de Santa Catarina. Relatos de viajantes estrangeiros nos séculos XVIII e XIX.* Florianópolis: Lunardelli, 1996, p.15-28 [Fragmento relativo à ilha de Santa Catarina].

Edição mais acessível na língua original

FRÉZIER, Amédée François. *Voyage de la mer du Sud aux côtes du Chili et du Pérou.* Presentation de Gaston Arduz Eguía et Hubert Michéa. Paris: Utz, 1996.

Fragmento da narrativa

... Dezenove entre 20 pessoas do lugar são negros ou negras seminus – os quais trazem cobertas somente as partes que o pudor obriga –, de modo que a cidade parece uma nova Guiné. Pelas ruas só se vêm as figuras hediondas dos negros e das negras, escravos que a languidez e a avareza, muito mais do que a necessidade, transplantaram da costa da África para servir a magnificência dos ricos e contribuir para a ociosidade dos pobres – que descarregam sobre eles o seu trabalho. De sorte que, para cada branco, há sempre mais de 20 negros.

Acreditem! Há lojas repletas desses pobres infelizes expostos nus, os quais podem ser comprados como animais e sobre os quais se adquire um poder semelhante ao que temos sobre os animais. Diante da menor causa de descontentamento, o proprietário pode matar o seu escravo quase impunemente ou, pelo menos, maltratá-lo tão cruelmente quanto queira. Não consigo entender como se pode conciliar esta barbárie com as máximas de uma religião que, desde que batizados, fazem dos negros membros da mesma comunidade que os brancos e os eleva à dignidade de filhos de Deus: Flii excelsi omnes. [Fragmento relativo a Salvador.]

Iconografia

Figura 18 – Vista da vila de São Salvador (1714).

Como engenheiro militar, Frézier produziu vistas de Salvador e da ilha de Santa Catarina precupado com o aspecto militar, desenhando fortificações, perfis, planta baixa e casarios do litoral. O francês pretendia, portanto, identificar os possíveis pontos fracos das defesas da América Portuguesa em um momento de intensas disputas coloniais. Mas Frézier também atentou para os costumes locais, como fica evidente em suas descrições de Salvador e na ilustração do palanquim.

Temas de algumas ilustrações:

Vue de Reconnaissance du cap. Saint Antoine; Plan de la Baye de tous dês Saints Située à la Cote du Brésil
Salvador, Vue de la ville de Saint Salvador
Les Indiens du Brésil portant un palanquin
Profil par la ligne A.B.; profil par la ligne C.D. vu du cote de la Terre; Vue de la ville de Angra du cote du mouillage

1714-1717 – Le Gentil la Barbinais

Notas sobre a viagem e o viajante

É quase nada o que se sabe sobre o francês Le Gentil la Barbinais, pois nem mesmo a sua extensa relação de viagem traz informações sobre a sua biografia ou sobre os antecedentes de sua aventura marítima. Do pouco que revela, La Barbinais dá indícios de ser um homem dedicado ao comércio, que, em dada altura de sua vida, se interessou em explorar as potencialidades comerciais do Chile, na costa americana.

A sua viagem em busca de fortuna teve início no porto de Cherbourg, na costa da Normandia, em 30 de agosto de 1714. Em dezembro do mesmo ano, a embarcação em que viajava fez aguada na Ilha Grande, aí permanecendo cerca de dezessete dias. Cerca de três anos mais tarde, Barbinais deu novamente na costa brasileira, desta vez na Baía de Todos os Santos. Avariado e carente de provisões, o navio em que viajava entrou no porto soteropolitano em 16 de novembro de 1717 e aípermaneceu por nada menos do que quatro meses.

Obra

LA BARBINAIS, Le Gentil. *Nouveau Voyage autour du monde. Par L. G. de la Barbinais. Enrichi de plusieurs Plans, Vûes, & Perspectives des principales Villes & Ports du Perou, Chily, Bresil, & de la Chine, Avec Une Description de l 'Empire de la Chine beaucoup plus ample & plus circonstanciée que celles qui ont parues jusqu'à present, où il est traité des moeurs, religion, politique, éducation & commerce des peuples de cet Empire. Et deux Memoires sur les Royaumes de la Cochinchine, de Tonquin & de Siam. Tome Premier.* Paris: Briasson, 1728.

Edição em português

TAUNAY, Afonso de Escragnolle. *Na Bahia Colonial 1610-1764*. Rio de Janeiro: 1925 [Paráfrase do fragmento de Le Gentil La Barbinais relativo ao Brasil].

Andanças pelo Brasil colonial   123

Edição mais acessível na língua original

Não há.

Fragmento da narrativa[*]

No dia 24, o vice-rei honrou-nos com um convite para assistirmos à missa da meia-noite em um convento de religiosas. Dirigi-me ao palácio às 8 horas da noite. Todos os oficiais da guarda estavam reunidos e o vice-rei regalou-os com uma esplêndida consoada. Fomos, às 10 horas, para a igreja de Santa Clara, onde por certo não esperava ver encenada uma comédia, melhor, uma farsa. Em todas as casas religiosas portuguesas, as jovens freiras aprendem, ao longo do ano, uma série de canções engraçadas e outras futilidades para apresentar durante a noite da Natividade. A exibição que presenciei ocorreu numa tribuna aberta e elevada, para a qual as mulheres levaram os seus violões, harpas, tamboris, sanfonas, etc. O padre, entoando o salmo Venite exulltemos, deu o sinal. Todas as religiosas puseram-se, então, a cantar os hinos religiosos que estudaram com tanto esmero durante o ano, cada moça entoando o seu. Tal diversidade de canções e de vozes produziu uma imensa barulheira que, somada ao som de instrumentos tão desencontrados quanto as vozes, dava vontade de rir. As moças pulavam e dançavam com tanto estardalhaço que, semelhante às freirinhas de Loudun, pareciam possuídas por um espírito louco ou por um duende divertido e brincalhão.

As surpresas da noite, porém, ainda estavam por vir. O silêncio sucedeu à barulheira, em seguida, em lugar dos ensinamentos que normalmente são lidos nas noturnas das matinas, uma senhora, que estava gravemente sentada num trono, levantou-se e, num português corrompido, semelhante ao que falam os escravos, fez um longo discurso para a assembléia. Tal discurso versava, de uma maneira satírica, sobre as intrigas galantes dos oficiais da corte do vice-rei. A mulher deu nome às senhoras de cada um e descreveu em detalhes suas boas e más qualidades.

---

[*] O fragmento foi traduzido por Jean M. C. França.

Iconografia

Figura 19 – Farsa em convento em Salvador.

Em 24 de dezembro, La Barbinais assistiu a uma farsa em convento em Salvador.

A única gravura dedicada ao Brasil registra este episódio quase inacreditável. Na Igreja de Santa Clara, em Salvador, encenou-se na noite da natividade uma peça de teatro, em que as monjas mais pareciam possuídas pelo demônio, pois juntas cada uma cantava sua própria canção e tocava seu instrumento.

1719 – A viagem do Speedwell (George Shelvocke e William Betagh)

Notas sobre a viagem e os viajantes

A história do infortúnio do *Speedwell* começou em 1719, quando dois abastados comerciantes de Londres, aproveitando-se da guerra entre a Inglaterra e a Espanha, resolveram armar dois navios para uma expedição de corso aos mares do Sul. O comando da embarcação principal, o *Success*, foi entregue ao capitão John Clipperton, um marinheiro que trazia em seu currículo um caso de deserção; o comando da embarcação menor, o *Speedwell*, coube a um marinheiro experimentado, que desde os quinze anos servia à Marinha britânica, George Shelvocke (1690-1728). As embarcações separaram-se no início da viagem, em razão de uma tempestade, e não mais voltaram a se encontrar. Durante o restante da viagem, Shelvocke, acusado de comportar-se pior do que um pirata, perdeu o *Speedwell*, capturou outro navio, rumou para Macau e, em 1722, depois de muitas peripécias, retornou à Inglaterra, onde foi julgado e condenado por pirataria e desvio de fundos. Antes, porém, de ganhar o Pacífico e naufragar, o *Speedwell*, em junho de 1719, com a tripulação à beira de um motim, ancorou na ilha de Santa Catarina para realizar reparos, aí permanecendo por quase dois meses.

Obras

SHELVOCKE, George. *A Vayage round the World By the Way of the Great South Sea, Perfarm'd in the years 1719, 20, 21, 22, in the Speedwell of*

London, of 24 Guns and 100 Men, (under His Magesty's Commission to cruize on the Spaniards in the late War with the Spanish Crown) till she was cast away on the Island of Juan Fernandes, in May 1720; and afterwards continu'd in the Recovery, the Jesus Maria and Sacra Familia, &c. By Capt. George Shelvocke, Commander of the Speedwell, Recovery, &c. in this Expedition. London: J. Senex, 1726.

BETAGH, William. *A voyage round the world. Being an Account of a Remarkable Enterprize, begun In the Year 1719, chiefly to cruise on the Spaniards in the great South Ocean. Relating the True historical Facts of that whole Affair. Testifyd by many inployed therein, and confirmed by Authorities from the Owners. By William Betagh, Captain of Marines in that Expedition.* London: Printed for T. Combes, 1728.

Edições em português

SHELVOCKE, George. "A voyage round the world". In: HARO, Martim Afonso Palma de (Org.). *Ilha de Santa Catarina. Relatos de viajantes estrangeiros nos séculos XVIII e XIX.* Florianópolis: Lunardelli, 1996, p.28-48 [Fragmento relativo ao Brasil].

BETAGH, William. "A voyage round the world". In: HARO, Martim Afonso Palma de (Org.). *Ilha de Santa Catarina. Relatos de viajantes estrangeiros nos séculos XVIII e XIX.* Florianópolis: Lunardelli, 1996, p.49-56 [Fragmento relativo ao Brasil].

Edição mais acessível na língua original

SHELVOCKE, George. *A voyage round the world.* Amsterdam/New York: N. Israel Da Capo Press, 1971.

Fragmentos das narrativas

O Sr. Frézier (embora tenha em outros aspectos nos fornecido uma descrição muito boa dessa ilha) cometeu o pecado de omitir (sem qualquer menção) uma ilha que se localiza entre a Ilha "Gall" e a ponta extrema norte da Ilha de Santa

Catarina e também não observou bem uma linha de rochedos que vai até 2/3 da extensão do canal entre a Ilha "Gall" e o continente do Brasil. O primeiro desses erros nos surpreende sobremaneira, pois quando estávamos passando pelo mencionado canal, à noite, tivemos a impressão de que a ilha (que ele havia omitido) era a ponta norte da Ilha de Santa Catarina. Mas, ao passarmos por ela, encontramos uma passagem para o mar e somente uma ilha alta, com aproximadamente duas milhas de circunferência e, só então, notamos que estávamos no caminho errado, tendo que ancorar imediatamente. Na manhã seguinte, nós pudemos constatar plenamente a omissão do Sr. Frézier. A fim de alcançar o ancoradouro, é necessário velejar no canal entre a ilha de Santa Catarina e o continente, até que se chegue ao lado, ou perto, de duas pequenas ilhas, as quais ainda não têm nomes. Bem em frente à parte norte dessas ilhas está o ponto onde se consegue água potável na Ilha de Santa Catarina, junto à entrada de um pequeno regato de água salgada, ao lado oposto do qual se pode navegar, já que tem uma profundidade de 6 ou 7 braças, sendo o fundo de uma areia muito fina e cinzenta. A Ilha de Santa Catarina, em si mesma, tem aproximadamente 8 léguas. E o canal entre ela e o continente é tão estreito em algumas partes, que não deve ser muito mais largo que 1 14 de milha. A ilha é toda coberta de matas inacessíveis, de forma que, com exceção das plantações, não existe uma só clareira nela toda. A menor das ilhotas ao seu redor igualmente abunda em uma grande variedade de árvores e arbustos cheios de espinhos, o que lhes veda totalmente o acesso. Quanto ao continente do Brasil propriamente dito, nesse lugar, pode ser, com justiça, chamado de uma vasta e contínua floresta. (George Shelvocke)

Um crioulo espanhol, criado de um dos tenentes do capitão Jonquière, havendo roubado seu amo em cem quádruplas, cada uma das quais sendo equivalente a quatro moedas de ouro, escondeu-se nas matas, desejando velejar conosco ao redor do Cabo Horn, de volta à sua pátria. La Jonquière e o tenente dirigiram-se a Shelvocke, dizendo-lhe que, no caso de o criado ser encontrado, e também a quantia que haiva furtado, nós devíamos prendê-lo e tomar-lhe o dinheiro. Eles deram a Shelvocke, o endereço para remessa do dinheiro para a França, à sua chegada à Europa, o que ele fielmente prometeu fazer. Tão logo que o "Ruby" zarpou, o criado apareceu para alguns de nossos marujos e no local onde eles costumavam buscar água potável, com metade do dinheiro em seus bolsos, desejando, suponho, pagar sua passagem. Mas Shelvocke, não satisfeito com aquela quantia, ordenou que ele fosse amarrado a um dos mastros, onde foi açoitado e salgado, o que foi feito todas as segundas-feiras, durante um mês; mas o homem, que já tinha corri-

do o risco de ser enforcado pelo roubo, e conhecido o valor do dinheiro tão bem como o capitão, suportou o açoite sem confessar que tinha outra metade escondida; assim, ele ficou a bordo e conseguiu sua passagem. Dessa forma, Shelvocke, com severidade inflexível, ensinava ao espanhol o horror de ter traído seu próprio amo, quando nós todos sabíamos muito bem que ele próprio merecia a mesma disciplina. (William Betagh)

Iconografia

Não há.

1721 – Karl Friedrich Behrens

Notas sobre a viagem e o viajante

O que se sabe sobre Karl Behrens, alemão nascido em Mecklenburg, na costa do Mar Báltico, é o pouco que ele próprio deixou registrado no primeiro capítulo de seu *História da viagem de três navios, enviados pela Companhia das Índias Ocidentais das Províncias Unidas, às terras austrais em 1721.* Ficamos aí a saber que o aventureiro, desde tenra idade, nutria especial apreço pelas viagens e que, logo que pôde, deixou sua terra natal para correr mundo. Depois de muito andar pelo norte da Europa, Behrens, ansioso por conhecer terras mais distantes, dirigiu-se a Amsterdam, onde engajou-se em uma pequena frota batava que se dirigia para os mares do Sul com o intuito de descobrir novas terras.

A pequena frota composta por três navios e capitaneada por Jacob Roggeveen zarpou de Amsterdam em 16 de julho de 1721, ancorou em Texel poucos dias depois, onde carregou, e, em 21 de agosto do mesmo ano, partiu rumo àquela que seria a segunda viagem de circunavegação dos holandeses. Relata-nos, então, Behrens que, depois de passar pelas Ilhas Canárias, os navios holandeses reabasteceram, entre os meses de outubro e novembro de 1721, em São Sebastião – que Borba Morais, em sua erudita *Bibliographia Brasiliana,* confunde com São Sebastião do Rio de Janeiro.

Obra

BEHRENS, Carl Friederich. *Histoire de l'expedition de trois vaisseaux Envoyés par la Compagnie des Indes Occidentales des Provinces-Unies, aux Terres Australes en MDCCXXI.* La Haye: Aux depens de ia Compagnie, 1739.

Edição em português

Não há.

Edição mais acessível na língua original

Não há.

Fragmento da narrativa

... O prior, padre Tomás, a quem já fiz menção, mostrou-nos um ídolo que aí se conserva, ídolo que, segundo relatou-nos, era adorado pelos antigos habitantes do lugar.

Trata-se da estátua de uma figura, metade tigre, metade leão, com 4 pés de altura e 1 e meio de largura. Disseram-nos que a peça era de ouro maciço, mas tive dificuldade em crer nisso; a meu ver, ela é somente dourada. Os pés lembram a pata de um leão e a cabeça é ornada com uma dupla coroa, guarnecida por doze flechas, com o formato de dardos ou de azagaias dos índios, com um cortado de cada lado. Na parte de trás, há um par de asas, semelhantes às de uma cegonha, e no interior da estátua encontra-se uma estatueta de um homem armado à maneira do país: em um dos ombros traz uma aljava repleta de setas, na mão esquerda, um arco e, na direita, uma flecha. A cauda do monstruoso ídolo é longuíssima e dá cerca de três ou quatro voltas em torno do homem armado; sua cabeça lembra a de um dragão. Os habitantes chamam esse ídolo de Nasil Lichma e não pudemos contemplá-lo sem algum espanto. Além dessa estátua, o convento possuía muitas outras antiguidades, tanto da Europa quanto da América.

Iconografia

Não há.

1740 – George Anson

Notas sobre a viagem e o viajante

A história da conturbada expedição comandada por George Anson começou em 1739, quando o alto comando da Marinha inglesa, prevendo um conflito próximo com a Espanha e calculando que esse país não poderia manter uma guerra sem o ouro e a prata do Novo Mundo, resolveu armar uma poderosa esquadra com o propósito de saquear as colônias que Filipe V possuía no sul da América. Para o comando dessa missão militar, a Marinha britânica designou um navegador experiente, com reconhecidos serviços prestados à Sua Majestade, o referido capitão Anson.

Por razões que aqui não interessam, a expedição foi deixada de lado e o capitão teve de contentar-se em conduzir uma frota de cinco embarcações – o *Centurion*, o *Gloucester*, o *Severn*, o *Wager* e o *Tryal* – em uma expedição pelos mares do Sul. A frota zarpou da Ilha de Santa Helena em setembro de 1740 e, em 17 de dezembro, entrou no porto de Santa Catarina, sua última parada antes de dobrar o Estreito de Magalhães. Aí o capitão e seus cinco navios permaneceram por cerca de um mês.

Obra

ANSON, George. *A Voyage Round the World In the Years MDCCXL, I, II, III, IV, by George Anson, Esq; Commander in Chief of a Squadron of His Majesty's Ships, sent upon an Expedition to the South Seas; compiled From Papers and other Materials of the Right Honourable George Lord Anson, and published under his Direction, by Richard Walter, M. A. Chaplain of His Majesty's Ship Centurion, in that Expedition; illustrated with Forty-two copper-plates.* London: Printed for the author, by J. and P. Knapton, 1748.

Edição em português

ANSON, George. In: HARO, Martim Afonso Palma de (Org.). *Ilha de Santa Catarina. Relatos de viajantes estrangeiros nos séculos XVIII e XIX.* Florianópolis: Lunardelli, 1996, p.15-28 [Fragmento relativo ao Brasil].

Edição mais acessível na língua original

ANSON, George. *A voyage round the world in the years MDCCXL, I, II, III, IV, by George Anson.* Edited with an introduction by Glyndwr Williams. London/New York: Oxford University Press, 1974.

Fragmento da narrativa

A terra de Santa Catarina é muito fértil, e produz quase que por si mesmo variadas espécies de frutos. Está coberta de uma floresta de árvores sempre verdes, que, pela fertilidade do solo, são de tal maneira entremeadas de sarças, espinheiros e arbustos, que o todo forma um conjunto impossível de atravessar, a menos que se tome algum caminho que os habitantes fizeram para sua comodidade. Estes caminhos, e algumas terras situadas ao longo da margem continental, que desbravaram para fazer plantações, são os únicos lugares da ilha que não estão cobertos de árvores. Os bosques proporcionam nesta ilha um perfume admirável, pela grande quantidade de árvores e de arbustos aromáticos que lá se encontram. Os frutos e as plantas próprias de outros países crescem aqui quase que sem cultura, e em grande quantidade, de maneira que não faltam nunca os abacaxis, os pêssegos, as uvas, as laranjas, os limões, as limas, os melões, os abricós, nem as bananas. Além disto, há aqui em grande abundância duas outras produções de um uso infinito nos navios, a saber, as cebolas e as batatas. Os outros víveres não são, em geral, nem tão bons, nem tão abundantes. Encontram-se alguns bois magros, que se parecem a búfalos, mas a carne é mole e desagradável ao gosto, o que é causado aparentemente pelas cabaças selvagens que lhes servem de alimento. Encontra-se também quantidade de faisões, que não têm o gosto tão delicado como aqueles existentes na Inglaterra. O resto da caça consiste em macacos e papagaios; mas o porto fornece diferentes tipos de peixes que são deliciosos e fáceis de se pegar; uma vez que se encontram nas inúmeras enseadas pequenas e arenosas, próprias para o arrastão de rede.

Iconografia

Não há.

1742 – Os náufragos do Wager (John Bulkeley, John Cummins e John Young)

Notas sobre a viagem e os viajantes

Nada conseguimos apurar sobre John Bulkeley, John Cummins e John Young. Sabe-se, pela narrativa que deixaram, que viajavam no *Wager*, navio pertencente à frota que George Anson conduziu aos mares do Sul, em 1740. A frota zarpou da Ilha de Santa Helena em setembro deste ano, ganhando o litoral de Santa Catarina em 17 de dezembro. Na passagem do Atlântico para o Pacífico, o *Wager*, navio velho e mal conservado, sofreu danos irreparáveis, perdeu contato com os demais vasos e, no dia 14 de março de 1741, naufragou nas imediações da Patagônia.

Em 28 de janeiro de 1742, ultrapassado um sem-número de obstáculos, trinça dos setenta homens do grupo liderado por Bulkeley e Cummins entraram na baía rio-grandense. Os náufragos foram muito bem acolhidos pelo governador e deixaram-se ficar na região cerca de dois meses.

Obras

BULKELEY, John & CUMMINS, John. *A Voyage to the South-Seas, In the Years 1740-41. Containing A faithful Narrative of the Loss of his Majesty's Ship the Wager on a desolate Island in the Latitude 47 South, Longitude 81: 40 West: With the Proceedings and Conduct of the Officers and Crew, and the Hardships they endured on the said Island for the space of five Months; their bold Attempt for Liberty, in Coasting the Southern Part of the vast Region of*

Patagonia; setting out with upwards of Eighty Souls in their Boats; the Loss of the Cutter; their Passage through the Streights of Magellan; an Account of their Manner of living on the Voyage on Seals, Wild Horses, Dogs, &c. and the incredible Hardships they frequeatly underwent for Want of Food of any Kind; a Description of the several Places where they touch'd in the Streights of Magellan, with an Account of the Inhabitants, &c., and their safe Arrival to the Brazil, after sailing one thousand Leagues in a Long-Boat; their Reception from the Portuguese; an Account of the Disturbances at Rio Grand; their Arrival at Rio Janeiro; their Passage and Usage on Board a Portuguese Ship to Lisboa; and their Return to England. Interspersed with many entertaining and curious Observations, not taken notice of by Sir John Narborough, or any other Journalist. The Whole compiled by Persons concerned in the Facts related, viz. John Bulkeley and John Cummins, Late Gunner and Carpenter of the Wager. London: Jacob Robinson, 1743.

YOUNG, John. *An Affecting Narrative Of the Unfortunate Voyage and Catastrophe Of his Majesty's Ship Wager, One of Commodore Anson's Squadron in the South Sea Expedition. Containing A full Account of its being cast away on a desolate Island, and of the strange Proceedings of the Officers and private Men, after that unhappy Event: More especially, of those important Incidents, The Shooting of Mr. Henry Cosins, and the imprisoning of Capt. C-p. for that Action. The whole compiled from authentic journals, and transmitted, by letter, to a Merchant in London from a Person who was an Eye-Witness of all the Affair: Exhibiting a compleat View of the Perils and terrible Disasters which the Crew underwent; the wonderful Adventure of near an hundred of them, in their Boat, along the vast southern Coast of Patagonia, and thro' the Streights of Magellan, for above a thousand Leagues during which the greatest Part of them perish' d by Cold and Famine; the Arrival of those few that surviv' d in the miserable Condition at Rio Grande; their hospitable Reception and Entertainment at that Place: their Passage from thence to Rio de Janeiro, next to Lisbon and finally to England. Intermix' d with several entertaining Passages and Remarks.* London: John Norwood, 1751.

Edições em português

BULKELEY, John & CUMMINS, John. *Viagem aos mares do sul nos anos de 1740-1741.* Rio de Janeiro: Ed. do Brasil, 1936.

_____. "A voyage to the South-Seas, in the years 1740-1741...". In: FRANÇA, Jean Marcel Carvalho. Náufragos do Rio Grande. *Revista Ciência & Ambiente*. (Rio Grande do Sul: Universidade Federal Santa Maria), v.1, n.1, jun.1990, p.61-70 [Fragmento relativo ao Brasil].

_____. "A voyage to the South-Seas, in the years 1740-1741...". In: _____. *Outras visões do Brasil Colonial: antologia de textos (1582-1808)*. Rio de Janeiro: José Olympio, 2000, p.181-7 [Fragmento relativo ao Brasil].

YOUNG, John. "An Affecting narrative of the unfortunate voyage and catastrophe of His Majesty's ship Wager...". In: FRANÇA, Jean Marcel Carvalho. *Visões do Rio de Janeiro Colonial: antologia de textos, 1531-1800*. Rio de Janeiro: José Olympio, 1999, p.75-9 [Fragmento relativo ao Brasil].

_____. "An Affecting...". In: FRANÇA, Jean Marcel Carvalho. Náufragos no Rio Grande. *Ciência e Ambiente*, Santa Maria, v.19, n.1, p.61-70, 1999.

Edição mais acessíveis na língua original

BULKELEY, John & CUMMINS, John. *The loss of the Wager: the narratives of John Bulkeley and the Hon. John Byron*. With an introduction by Alan Gumey. Woddbridge, Suffolk, UK: Roehester; NY: Boydell Press, 2004.

Fragmentos das narrativas

... A prisão está instalada no palácio do Governador. Permaneci poucos minutos no local, pois Sua Excelência mandou-me chamar, interrogou o oficial sobre o ocorrido e deliberou que eu voltasse para casa, mantendo East como prisioneiro. Ao entrar em casa, encontrei o contramestre e dois outros renegados espancando o tanoeiro. Logo que me viu, ele começou a proferir uma série de impropérios.

Ficamos apreensivos com esses acontecimentos e resolvemos deixar o nosso alojamento. Na manhã seguinte, o senhor Oakey e o senhor Cummins procuraram o cônsul. Ele veio até a nossa casa, reuniu todos os homens e disse: Causa-me espanto que os senhores, depois de suportarem juntos tantas privações e dificul-

dades, não consigam viver em paz. (Fragmento relativo ao Rio de Janeiro, Bulkeley e Cummins)

A princípio, a revolução referida pareceu não nos dizer respeito. E isso, por certo, seria verdadeiro se o lugar estivesse bem abastecido com víveres. A situação, contudo, era outra: os armazéns locais contavam com provisões para somente 6 semanas. Os soldados viram com inquietação o fato de terem de partilhar conosco o pouco pão existente. As reclamações chegaram aos ouvidos do governador e ele, que não tinha a menor intenção de contrariar a tropa, ordenou que cortassem a nossa ração. Ficamos muitos dias sem pão e com provisões apenas para a sobrevivência. Quando nos dirigimos à presença de Sua Excelência para reclamar, mostraram-nos os armazéns vazios e tivemos de ir embora sem nada argumentar. Prometeram-nos, todavia, que receberíamos a mesma quantidade de ração dos soldados da guarnição até que um navio chegasse com mais provisões. Contentamo-nos com essa solução, pois não nos pareceu razoável exigir qualquer outra coisa. (Fragmento relativo ao Rio Grande, John Young)

Iconografia

Não há.

1747-1749 – Abbé René Courte de La Blanchardière

Notas sobre a viagem e o viajante

As poucas informações que conseguimos obter sobre a viagem do abade Courte de la Blanchardiere provêm de seu diário de viagem. Informa-nos o abade que, em 1745, a convite do oficial da Marinha francesa M. de Lehen, aceitou embarcar no navio mercante *Le Condé* para uma viagem com destino ao Peru. O navio, que contava com cinquenta canhões e uma tripulação de 250 homens, partiu de Saint-Malo em novembro de 1745, dirigindo-se para Cádis. Nesse porto, ficaria ancorado treze meses, à espera de uma oportunidade para furar o bloqueio naval britânico. Finalmente, a 25 de dezembro de 1745, a embarcação fez vela em direção à ilha de Santa Catarina, alcançando-a no dia 10 de fevereiro.

Em Lima, o *Condé* chegou em julho de 1747, encontrando a cidade completamente arrasada por um terremoto. Treze meses depois, rumou para Conception e daí para o Rio de Janeiro. Em 20 de dezembro de 1748, a embarcação entrou na Baía de Guanabara, permanecendo aí ancorada parcos quinze dias (6 de janeiro de 1749).

Obra

LA BLANCHARDIERE, Abbé René Courte de. *Nouveau voyage fait au Perou. Par M. l'abbe Courte de la Blanchardiere. Auquel on a joint une Description des anciennes mines d'Espagne, traduite d'Espagnol d'Alonso Carillo Lazo.* Paris: De l'Imprimerie de Delaguette, 1751.

Edição em português

LA BLANCHARDIÈRE, Abbé René Courte de. "Nouveau voyage fait au Perou. Par M. l'abbe Courte de la Blanchardiere...". In: FRANÇA, Jean Marcel Carvalho. *Visões do Rio de Janeiro Colonial: antologia de textos, 1531-1800.* Rio de Janeiro: José Olympio, 1999, p.90-6 [Fragmento relativo ao Brasil].

Edição mais acessível na língua original

Não há.

Fragmentos das narrativas

Santa Catarina é uma cidade pequenina, sem fortificações, situada numa ilha do mesmo nome, a 25 graus e meio de latitude sul e 333 de longitude. A baía, que se estende de norte para sul entre a ilha e o continente, é muito piscosa. As terras ao redor são bastante elevadas e de tal modo cobertas pela vegetação que se tornam incultiváveis; há, contudo, algumas faixas de terra nas quais os índios têm trabalhado. As matas estão repletas de tigres, macacos, javalis, papagaios e diversos outros ani-mais. [Fragmento relativo à Santa Catarina]

A cidade me pareceu mais ou menos do tamanho de Breste, porém, melhor construída. As ruas são estreitas, exceto a que vai da montanha dos beneditinos até à praça, que é larga o suficiente para dar passagem a três carruagens. As casas são de dois andares e cobertas de telhas. Em frente a cada porta e janela existem gelosias como em Cádis. A praça, situada no porto, é grande, mas não pavimentada. O palácio do general fica a sul: é um edifício de dois andares, com a fachada bastante regular. Na ala direita, fica a Casa da Moeda; defronte, a noroeste, há um bloco de casas, diante do qual foi construído um reservatório e um aqueduto para levar água à beira-mar. Essa obra trouxe alguma comodidade para as embarcações ancoradas no porto, pois, antes, as tripulações eram obrigadas a ir buscar água de má qualidade a uma légua e meia de distância, num pequeno rio chamado Comprido. A oeste do referido palácio, em frente ao cais, no fundo da praça, há um edifício bastante regular, que funciona como convento dos Carmelitas. [Fragmento relativo à cidade do Rio de Janeiro]

Iconografia

Não há.

1748 – Pierre Sonnerat

Notas sobre a viagem e o viajante

O navegador e naturalista francês Pierre Sonnerat (1745-1814) celebrizou-se por suas longas perambulações pelos mares da Índia e da China, entre os anos de 1768 e 1805. Tais *andanças* ficaram registradas em dois livros: *Viagem à Nova Guiné* (1776) e *Viagem às Índias Orientais e à China* (1782).

Na segunda edição dessa última obra, que veio a público em 1806, Sonnerat resolveu incluir um relato sobre o Rio de Janeiro, cidade pela qual ele nunca havia passado. Acerca do autor do relato, limita-se a afirmar que é um respeitado oficial da Marinha francesa, não revelando nem o seu nome, nem a embarcação em que viajava. Por sorte, encontramos na Biblioteca da Ajuda, em Lisboa, um manuscrito anônimo, datado de 1748, cujo conteúdo parece ter sido extraído do manuscrito que, em 1806, o naturalista francês decidiu editar. O documento da biblioteca lisboeta – um fragmento, contendo cerca de 50% do texto publicado em 1806 –, embora não revele o nome do autor, traz algumas informações sobre a embarcação e sobre o porquê ela arribou no porto carioca.

Por ele ficamos a saber que a embarcação era o *L'Arc-en-ciel*, navio francês de cinquenta canhões, pertencente à esquadra de guerra do marquês d'Albert. O navio partiu de Breste no dia 24 de janeiro com destino a Pondichéry, onde os franceses combatiam as tropas inglesas lideradas por Lorde Clive. Devido ao mau tempo, o *L'Arc-en-Ciel*, na altura das Canárias, perdeu contato com a frota e, no dia 22 de abril de 1748, veio dar no porto do Rio de Janeiro. O navio permaneceu aí ancorado por quase um mês.

Obra

SONNERAT, Pierre. *Voyage aux Indes Orientales et à la Chine, fait par ordre de Louis XVI, depuis 1774 jusqu'en 1781. Dans lequel on traite des moeurs, de la religion, des sciences & des arts des Indiens, des Chinois, des Pegouins & des Madegasses; suivi d'observation sur le cap de Bonne-Esperance, les îsles de France et de Bourbon, les Maldives, Ceylan, Malacca, les Philippines et les Moluques, et de recherches sur l'histoire naturelle de ces pays, etc., etc. Par M. Sonnerat, Correspondant de l'Institut de France etc. Nouvelle édition, revue et rétablie d'après le manuscrit autographe de l'auteur, augmentée d'un précis historique sur l'Inde, depuis 1778, jusqu' à nos jours, de notes et de plusieurs mémoires inédits par M. Sonnini.* Paris: Dentu, Imprimeur-libraire, 1806. 4v.

Edição em português

SONNERAT, Pierre. "Voyage aux Indes Orientales et a la Chine, fait par ordre de Louis XVI, depuis 1774 jusqu'en 1781...". In: FRANÇA, Jean Marcel Carvalho. *Outras visões do Brasil Colonial: antologia de textos (1582-1808)*. Rio de Janeiro: José Olympio, 2000, p.188-220 [Fragmento relativo ao Brasil].

Edição mais acessível na língua original

Não há.

Fragmento da narrativa

Uma narrativa sobre o Rio de Janeiro, capital do Brasil, não deveria, à primeira vista, fazer parte de um livro de viagens às Índias e à China. Contudo, se levarmos em conta que essa cidade, ou melhor, seu porto, é um dos maiores e mais belos do mundo e um ponto de arribada bastante freqüentado pelos navios que vão para as Índias ou de lá retomam, veremos que essa narrativa não está assim tão fora de lugar. Para mais, a curta descrição da cidade que ora divulgo está repleta de detalhes curiosos, detalhes que não deixarão de interessar o leitor. O texto foi escrito por um antigo oficial da marinha francesa, um homem respeitado tanto pelos seus talentos quanto pela sua bravura. Fui informado da existência do manuscrito e, tenho certeza, fiz bem em retirá-lo da obscuridade em que jazia.

Iconografia

Não há.

1751 – Nicolas Louis de la Caille

Notas sobre a viagem e o viajante

O astrônomo francês Nicolas Louis de La Caille nasceu em Rumighy, perto de Reims, em 15 de março de 1713, e morreu em Paris, no ano de 1762. Sua atividade como astrônomo começou em 1737, intensificando-se nos dois anos seguintes, quando participou de importantes experiências geodésicas desenvolvidas pelo Observatório Real de Paris. Em 1741, é aceito na Real Academia de Ciências e passa a dedicar-se sistematicamente às pesquisas astronômicas.

Foi na qualidade de astrônomo e de membro dessa importante instituição que empreendeu, em 1750, uma viagem de observação ao

Cabo da Boa Esperança. La Caille partiu de Lorient, a bordo do *Le Glorieux,* em outubro de 1750. O navio, comandado por M. Dapres de Mannevillette, demorou três semanas para chegar à Ilha de Santiago (Cabo Verde) e daí rumou para o Brasil. Em 25 de janeiro de 1751, o *Le Glorieux* lançou âncora no porto do Rio de Janeiro, iniciando uma estada de um mês.

Obra

LA CAILLE, M. Abbé de. *Journal historique du voyage fait au Cap de Bonne-Espérance, par feu M. l'abbé de la Caille, de l'Académie des Sciences, Précédé d'un Discours sur la Vie de l'Auteur, suivi de remarques & de réflexions sur les Coutumes des Hottentos & des Habitants du Cap. Avec figures.* Paris: Chez Guillyn, Libraire, 1763.

Edição em português

LA CAILLE, M. Abbé de. "Journal historique du voyage fait au Cap de Bonne-Espérance...". In: FRANÇA, Jean Marcel Carvalho. *Visões do Rio de Janeiro Colonial: antologia de textos, 1531-1800.* Rio de Janeiro: José Olympio, 1999, p.96-101.

Edição mais acessível na língua original

Não há.

Fragmento da narrativa

Quase não há sociedade nesta urbe, o que não impede que o desregramento de costumes encontre aí campo fértil. Desregramento de que não escapam nem os membros do clero nem os frades, estes últimos admitidos pelas Ordens sem nenhum critério. Há um tipo de penitente laico que sai durante a noite pelas ruas carregando uma pesada cruz e arrastando uma grossa corrente muito barulhenta. A conduta desses penitentes é tão escandalosa durante o dia quanto edificante durante à noite. Meu sono foi freqüentemente interrompido pelo barulho das suas correntes e pelos seus gritos implorando misericórdia.

O assassinato, nesta cidade, é muito comum e quase sempre permanece impune. Disseram-nos que tal estado de coisas deveria mudar em breve, pois o Rei de Portugal estava em vias de criar no Rio de Janeiro um Tribunal dotado de poderes para condenar à morte. Até então, os processos eram julgados na Bahia de Todos os Santos e estavam sujeitos à apelação por parte do condenado. A frota que trazia os membros desse tal Tribunal estava entrando no porto no momento da nossa partida

Iconografia

Não há.

1757 – M. de la Flotte

Notas sobre a viagem e o viajante

O império francês na Índia, iniciado com a conquista de Pondichéry em 1676 e mnpliado durante a administração de Dupleix (1730-1740), sofreu fortes reveses a partir de 1754. A situação atingiu o seu clímax em 1757, quando, depois de seguidas vitórias obtidas pelo oficial britânico Lorde Clive, a soberania francesa na região ficou por um fio. Luiz V resolveu, então, enviar à costa de Coromandel uma portentosa esquadra com o objetivo de socorrer os seus súditos encurralados em Pondichéry.

Formada por cerca de oito embarcações, sob o comando do Conde d'Aché, a frota zarpou da Ilha de Grouais em maio de 1757. No navio *Saint Luc*, fretado pelo monarca francês para transportar tropas destinadas à Índia, viajava M. de la Flotte, sobre quem não conseguimos obter nenhuma informação. Flotte desembarcou na cidade do Rio de Janeiro em 16 de agosto de 1757, aí permanecendo por dois meses.

Obra

LA FLOTTE, M. De. *Essais historiques sur L'Inde, précédés d'un journal de voyages et d'une description géographique de la côte de Coromandel. Par M. de La Flotte*. Paris: Chez Herissant le Fils, Libraire rue Saint-Jacques, 1769.

Edições em português

TAUNAY, Afonso de Escragnolle. *Visitantes do Brasil Colonial (Séculos XVI-XVIII)*. São Paulo/Rio de Janeiro/Recife/Porto Alegre: Companhia Editora Nacional, 1938, p.85-145 [Paráfrase do fragmento de M. De La Flotte relativo ao Brasil].

LA FLOTTE, M. De. "Essais Historiques sur L'Inde précédés d'un Journal de Voyages...". In: FRANÇA, Jean Marcel Carvalho. *Visões do Rio de Janeiro Colonial: antologia de textos, 1531-1800*. Rio de Janeiro: José Olympio, 1999, p.102-7 [Fragmento relativo ao Brasil].

Edição mais acessível na língua original

Não há.

Fragmento da narrativa

Uma estadia de quase dois meses, bastou-me para examinar os costumes e o caráter dos portugueses. Cedo percebi que esta terra fértil e rica, dotada de um clima delicioso, era habitada por uma nação indigna desses prodígios. Eu não quero confundir os colonos que se encontram no Rio de Janeiro com os seus compatriotas que, vivendo sob os olhos do Príncipe, respeitam as leis. Na Europa, a vida civil e a vida política formam uma cadeia imensa e indissolúvel; para além de suas fronteiras, porém, essa cadeia perde a sua consistência em razão da distância, da mistura dos povos e da impunidade dos infratores. Dito isto, não deve causar espanto a afirmação de que a corrupção é quase generalizada entre os habitantes do Brasil. O orgulho, a superstição, o ciúme, a preguiça e o deboche são levados ao extremo por esses colonos. Para provar o que acabo de dizer, vou dar alguns exemplos. Todos os homens da nossa esquadra tiveram oportunidade de observar que não havia na cidade um único soldado que não se comportasse de uma forma extremamente orgulhosa e que não fosse dotado de uma auto-estima mil vezes superior à de um oficial ou mesmo à de um general francês. A maior parte desses homens, no entanto, andam mal vestidos e muitos, na sombra, pedem esmolas para satisfazer as suas necessidades mais elementares. Apesar dessa miséria extrema, eles se tratam mutuamente por fidalgos, título que, em Lisboa, é usado somente pelas pessoas de qualidade.

Iconografia

Não há.

1764 – John Byron

Notas sobre a viagem e o viajante

Em março de 1764, Philip Stephens, secretário do Almirantado, escreveu ao comando geral da Marinha britânica requisitando um navio de 24 canhões para uma missão especial às Índias Orientais. A esse navio caberia, como revela a missiva, testar a eficácia do novo revestimento de casco que a Real Armada pretendia adotar, o revestimento com placas de cobre. A embarcação escalada para essa viagem experimental foi uma fragata de fabricação inglesa, construída em 1751, o *Dolphin*.

O comando da embarcação coube ao honorável John Byron (1723-1786), um experimentado oficial de carreira. O *Dolphin* zarpou de Plymouth em 3 de julho de 1764, lançando âncora na Madeira no dia 13 do mesmo mês. Da ilha portuguesa, o navio rumou para as Canárias e daí para a ilha de Santiago, em Cabo Verde. Abastecido com água e víveres, dirigiu-se para o porto do Rio de Janeiro, o qual foi alcançado no dia 5 de setembro. A arribada nesse porto durou 45 dias.

Obra

BYRON, John. *A Voyage round the world, In His Majesty's Ship The Dolphin, Commanded by the Honourable Commodore Byron, In which is Contained, A faithful Account of the several Places, People, Plants, Animals, &c. seen on the voyage: And, among other Particulars, A minute and exact Description of the Streights of Magellan, and of the Gigantic People called Patagonians. Together with An accurate Account of Seven lslands lately discovered in the South Seas. By an Officer on Board the said Ship.* London: Printed for J. & F. Newberry, in St. Paul's Church-Yard; and F. Newbery, in Pater-noster Row, 1767.

Edições em português

BYRON, John. *Viagem feita à roda do mundo pelo commandante Byron, da qual se dá noticia de varios Países; dos costumes de seus Habitantes; das Plantas, e Animaes estranhos que se crião nelles; com huma discripção mui circustanciada do estrito de Magalhães, e de certa Nação de Indios agigantados chamados Patagons, com huma estampa que os representanta; seguida do Resumo Historico da Viagem emprhendida por Margalhaens, e concluida pelo Capitão Hespanhol João Sebastião do Cano.* Trad. Jacintho Alves Branco Muniz Barreto. Bahia: Typ. Do Correio Mercantil, da Viuva Précourt E. C., 1836.

TAUNAY, Afonso de Escragnolle. *No Rio de Janeiro dos vice-reis.* São Paulo: Imprensa do Estado, 1943 [Paráfrase do fragmento de John Byron relativo ao Brasil].

BYRON, John. "A Voyage round the World in his Majesty's Ship the Dolphin...". In: FRANÇA, Jean Marcel Carvalho. *Visões do Rio de Janeiro Colonial:* antologia de textos, 1531-1800. Rio de Janeiro: José Olympio, 1999, p.108-13 [Fragmento relativo ao Brasil].

Edição mais acessível na língua original

BYRON, John. *Byron's Journal of his Circumnavigation, 1764-1766.* Ed. by Robert E. Gallagher. Millwood: Kraus Reprint, 1990.

Fragmento da narrativa

Mas voltando ao Rio de Janeiro, o vice-rei goza aqui de uma autoridade tão absoluta sobre os moradores da cidade quanto o Rei de Portugal sobre seus súditos de Lisboa. Os habitantes, que são de cor morena, mantêm vários escravos negros. Esses são comprados ou em mercados especializados ou mesmo fora deles, pois não é incomum ver-se grupos de negros, acorrentados aos pares, transitarem pelas ruas da cidade para que os compradores possam apreciá-los.

As portuguesas têm a tez azeitonada e, em geral, as feições desagradáveis; as mais abastadas só saem de casa e só podem ser vistas de madrugada. Os homens locais são excessivamente ciumentos; se um estrangeiro olha em demasia para uma mulher, ele corre sério risco de ser alvo da fúria de um marido ou de um pai mais zeloso. Esse sentimento é muito forte entre os habitantes, o que obriga as mulheres a se portarem com muita circunspeção e recato. É certo, porém, que se contraem poucos matrimônios na cidade e aqueles que são contraídos podem facilmente ser desfeitos mediante o consentimento de ambas as partes. Fato que não é incomum, pois os amantes logo se cansam um do outro e buscam cada qual um novo amante que ocupe o lugar do primeiro. No fim do dia, os portugueses saem de suas casas e dirigem-se às casas de prazer, onde se entregam a todo gênero de excessos, excessos que, posso assegurar, são tão freqüentes e detestáveis aqui como em Lisboa.

Iconografia

Não há.

1764 – Jemima Kindersley

Notas sobre a viagem e o viajante

Jemima Kindersley (1741-1809) nasceu em Great Yarmouth, Norfolk, na Inglaterra, em outubro de 1741. Filha de família pobre, casou-se, em abril de 1762, com Nathaniel Kindersley, um tenente da Royal Artillery. Aproveitando-se de sua significativa ascensão social, Jemima aprendeu francês, aperfeiçoou sua escrita e tornou-se uma assídua leitora dos filósofos iluministas. Dois anos depois de casada, seu marido Nathaniel foi promovido a capitão e transferido para a Companhia das Índias Orientais de Bengala. As novas funções obrigaram o militar, em maio de 1764, a embarcar, com a jovem esposa e o filho recém-nascido, para Calcutá.

É essa longa e dura viagem, bem como os anos de permanência em Allahabad, que a leitora de Montesquieu descreve em seu livro. As missivas começam a ser escritas na Ilha de Tenerife, visitada por Jemima em junho de 1764. Em agosto deste mesmo ano, a aventureira, a primeira mulher estrangeira a deixar registradas as suas impressões sobre o Brasil, desembarcou na Baía de Todos os Santos, aí permanecendo cerca de um mês.

Obra

KINDERSLEY, Jemima. *Letters from the island of Teneriffe, Brazil, the Cape of Good Hope, and the East Indies, by Mrs. Kindersley*. London: J. Nourse, 1777.

Edições em português

TAUNAY, Afonso de Escragnolle. *Na Bahia Colonial 1610-1764*. Rio de Janeiro: 1925. [Paráfrase do fragmento de Jemima Kindersley relativo ao Brasil].

FRANÇA, Jean Marcel França. *Mulheres viajantes no Brasil (1773-1820)*. Rio de Janeiro: José Olympio, 2008 [Fragmento de Jemima Kindersley relativo ao Brasil].

Edição mais acessível na língua original

KINDERSLEY, Jemima. *Letters from the Island of Tenerife, Brazil, Cape of Good Hope and the East Indies: Women's Travel Writing 1750-1850*. Edição de C. FRANKLIIN. New York: Routledge, 2005.

Fragmento da narrativa

Depois do que afirmei sobre o caráter geral dos homens deste lugar, não espere ouvir nada de muito elogioso sobre as mulheres. Acostumadas à indolência e incultas, a sua vivacidade natural manifesta-se na astúcia. Os homens de suas relações não depositam lá muita confiança nas suas virtudes, elas, por sua vez, usam toda a sua esperteza para iludir a vigilância a que estão submetidas. E, a bem da verdade, elas são, para dizer o mínimo, bastante inclinadas às intrigas amorosas. Pudera eu contar-lhe o que a escuridão da noite oculta daquelas que, durante o dia, são vistas somente nas igrejas e as minhas missivas pareceriam um libelo sobre o sexo.

Iconografia

Não há.

1765 – James Forbes

Notas sobre a viagem e o viajante

Pouco conseguimos apurar sobre esse viajante. Informa o *Dictionary of National Biography* que o londrino James Forbes (1749-1819), acompanhado de mais catorze passageiros, embarcou em 1765 para Bombay, na qualidade de escrivão da Companhia das Índias Orientais.

Depois de enfrentar condições climáticas adversas no Golfo da Biscaia, o navio em que viajava dirigiu-se para Santiago (Cabo Verde) e daí para o Brasil. O escrivão desembarcou na cidade do Rio de Janeiro, para uma estada de quatro meses, em junho de 1765.

Obra

FORBES, James. *Oriental Memoirs: selected and abridged from a series of familiar letters written during seventeen years residence in India: including observations of parts of Africa and South America, and a Narrative of occurence in four India voyages. Illustrated by Engravings from Original Drawings. By*

James Forbes, F.R.S. &c. in four volumes. London: printed for the author by Bensley, 1813.

Edição em português

FORBES, James. "Oriental memoirs: selected and abridged from a series of familiar letters...". In: FRANÇA, Jean Marcel Carvalho. *Visões do Rio de Janeiro Colonial:* antologia de textos, 1531-1800. Rio de Janeiro: José Olympio, 1999, p.114-6 [Fragmento relativo ao Brasil].

Edição mais acessível na língua original

FORBES, James. *Oriental memoirs.* New Delhi: Gyan Publishing House, 2004.

Fragmento da narrativa

Se ficara contente com Santiago, muito mais deleite senti quando desembarquei no Brasil. A grandiosidade das montanhas, a fertilidade dos vales, a suavidade do clima e a beleza da vida animal e vegetal conferem especial interesse a esta parte da América do Sul. A variedade de árvores e plantas, a profusão de frutas e flores, a exuberância dos pássaros e insetos constituíram um rico manancial para as minhas pesquisas de história natural. Um adorável vale, sobre o qual passa o aqueduto que abastece a cidade de São Sebastião, transformou-se no meu refúgio favorito. Aí a fragrância das rosas e das murtas mistura-se com o delicioso cheiro exalado pelos galhos floridos dos limoeiros e das laranjeiras, sempre ligeiramente inclinados pelo peso dos seus dourados frutos.

Iconografia

Não há.

1768 – A viagem de circunavegação de Louis Antoine de Bougainville (Antoine de Bougaiville, Charles Nicolas Othon Nassau Siegen, Antoine Joseph Pernetty e François Vivez)

Notas sobre a viagem e os viajantes

Bougainville, o primeiro francês a realizar uma viagem de circunavegação, nasceu em Paris no ano de 1729. Em 1763, aproveitando um momento de paz em sua movimentada vida militar, Bougainville convenceu os comerciantes de Saint-Malo a financiar uma expedição colonizadora às Ilhas Falkland (Malvinas), situadas a leste do Estreito de Magalhães. A expedição foi extremamente bem-sucedida e, em 1764, Bougainville fundou uma base francesa nas ilhas – a viagem, que contou com uma escala em Santa Catarina, foi descrita pelo beneditino interessado em ciências Antoine Joseph Pernety. O feito, no entanto, foi contestado com vigor pela Espanha, que alegou pertencerem as ilhas à América meridional e, consequentemente, à coroa espanhola. Bougainville recebeu, então, ordens para dirigir-se para as Malvinas, restituir o território aos espanhóis e, em seguida, *rumar para as Índias Orientais, atravessando o mar do Sul entre os trópicos*.

A fragata *Bondeuse*, designada para a missão, partiu de Nantes em novembro de 1766, com destino às Malvinas, onde Bougainville deveria resolver o impasse político com a Espanha e aguardar a chegada do barco de mantimentos *Étoile*. Uma série de contratempos, porém, trouxe ambas as embarcações à costa brasileira, ao Rio de Janeiro nomeadamente. De tal passagem restaram pelo menos três relatos: o do próprio Antoine de Bougainville, o do *oficial de saúde de 1ª classe* François Vivez e o do príncipe Charles Nicolas Othon Nassau Siegen.

Obras

BOUGAINVILLE, Louis de. *Voyage autour du Monde, par Ia frégate du Roy "La Bondeuse" et Ia flûte "L'Étoile" en 1766, 1767, 1768 & 1769*. Paris: Chez Saillant & Nyon, Libraires, 1771.

NASSAU-SIEGEN, Charles Nicolas Othon. In: DUVIOLS, Jean-Paul. *Les escales américaines de l'expédition de Bougainville* (Fragmento inédito du *Journal du prince Charles-Nicoles-Othon de Nassau-Siegen*). In: Travaux de l'Institut d'études Ibériques et Latino-Américaines (TILAS), n.XVI, Université de Strasbourg, 1976.

PERNETY, Antoine Joseph. *Histoire d'un voyage aux Isles Malouines, fait en 1763 & 1764; avec des observations sur le detroit de Magellan, et sur les Patagons, par Dom Pernetty, abbé de l'Abbaye de Burget, Membre de l'Academie Royale de Sciences & Belles Lettres de Prusse, Associé correspondant de celle de Florence & Bibliothecaire de Mageste le Roi de Prusse. Nouvelle edition refondue & augmentée d'un discours preliminaire de Remarques sur l'Histoire Naturelle, &c.* Paris: Saillant & Nyon, Dellain, 1770.

VIVEZ, François. "Voyage autour du monde sur la flûte l'Etoile, commandée par M. Chesnard de la Giraudais, capitaine de brûlot, sous les ordres de M. de Bougainville, capitaine de vaisseaux, commandant la frégate La Boudeuse, par moy, Vivez jeune, chirurgien major de la dite flûte, pendant les années 1767, 68, 69". In: *Extrait du Bulletin de la Société de Géographie de Rochefort*, 1893. t.XV:

Edições em português

BOUGAINVILLE, Louis Antoine de. *Viagem de volta ao mundo*. Trad. Miguel Serras Pereira. Lisboa: EXPO'98, 1998.

_____. "Voyage autour du Monde, par Ia Frégate du Roi La Bondeuse...". In: FRANÇA, Jean Marcel Carvalho. *Visões do Rio de Janeiro Colonial:* antologia de textos, 1531-1800. Rio de Janeiro: José Olympio, 1999, p.117-25 [Fragmento relativo ao Brasil].

PERNETTY, Antoine Joseph. "Histoire d'un voyage aux isles Malouines, fait en 1763 & 1764; avec des observations sur le detroit de Magellan...". In: HARO, Martim Afonso Palma de. *Ilha de Santa Catarina. Relatos de viajantes estrangeiros nos séculos XVIII e XIX*. Florianópolis: Lunardelli, 1996, p.75-108 [Fragmento relativo ao Brasil]

TAUNAY, Afonso de Escragnolle. *Rio de Janeiro de antanho. Impressões de viajantes estrangeiros*. São Paulo: Companhia Editora Nacional, 1942, p.429-41 [Paráfrase do fragmento de Louis Antoine de Bougainville relativo ao Brasil].

_____. *Santa Catharina nos annos primevos*. São Paulo: *Diário Oficial*, 1931, p.36-62 [Paráfrase do fragmento de Antoine Joseph Pernety relativo ao Brasil].

Edição mais acessível na língua original

BOUGAINVILLE, Louis Antoine de. *Voyage autour du Monde*. Paris: Editions La Découverte, 2006.

Fragmentos das narrativas[*]

Durante a nossa estada no Rio de Janeiro, gozamos da primavera dos poetas. A vista da baía local será sempre um espetáculo memorável para quaisquer viajantes, sobretudo para aqueles que passaram longos períodos em alto mar, privados da visão de bosques e habitações, e são originários de países em que o sol e a tranqüilidade sejam raros. Para nós, foi uma experiência enriquecedora e prazerosa a permanência nessas plagas, onde para qualquer lado que se olhe a natureza oferece um deslumbrante espetáculo. Os habitantes locais foram sempre solidários para conosco e nunca esconderam o mal estar que lhes causava as atitudes do vice-rei. Lamentamos muito não poder ficar mais tempo em companhia dessa simpática gente.

Muitos viajantes têm escrito sobre o Brasil e sobre a sua capital. Não vou, pois, empreender uma repetitiva e fastidiosa descrição de paisagens já conhecidas. Contentar-me-ei em oferecer ao leitor alguns detalhes sobre a riqueza dessa cidade e sobre os lucros que o Rei de Portugal daí aufere. Para começar, é preciso dizer que o senhor Commerçon, um naturalista que viajava na Étoile, assegurou-me que este país era o mais rico em plantas que ele conhecera em toda a sua vida e que havia aqui verdadeiros tesouros da botânica. (Antoine Bougainville)

O Rio de Janeiro, uma colônia portuguesa da costa do Brasil, está localizado a 23° 11' de latitude sul e a 43° 9' de longitude ocidental. A cidade foi invadida por Duguay-Trouin, que a descreve nas suas memórias. Farei dela uma descrição ligeira, pois muitos outros já disso se encarregaram. Limitar-me-ei a dizer que a urbe é governada por um vice-rei e que os portugueses a fortificaram muito, umas 3 vezes mais, desde o tempo em que a tomamos. Creio, contudo, que tal aparato não é suficiente para deter um guerreiro decidido; além do mais, a abundância de riquezas do país dobraria o ímpeto dos invasores. Os portugueses,

---

[*] Os fragmentos de Bougainville e François Vivez foram traduzidos por Jean M. C. França.

152   Jean Marcel Carvalho França e Ronald Raminelli

no entanto, são presunçosos ao ponto de acreditarem que suas formidáveis defesas são capazes de resistir a qualquer poder naval da Europa. (François Vivez)

Passamos em seguida pela vila, que me pareceu composta de umas cento e cinqüenta casas, todas tendo somente o rés-do-chão, a guarnição ocupa uma parte e a outra é ocupada pelos brancos de um lado e os negros ou mulatos do outro. Vêem-se na Ilha de Santa Catarina homens de todo o tipo de pele, do negro até o branco. Os mulatos são em maior número, geralmente feios, com um ar selvagem, como se fossem uma mistura de brasileiros com negros.

Andam descalços, cabeça descoberta e muito mal penteados; suas roupas consistem em uma camisa, uma calça e às vezes um casaco que jogam nas costas, à maneira dos espanhóis. Os que ganham mais utilizam um chapéu de forma muito alta, com abas de quase dez polegadas abaixadas. Estes estão cobertos e usam um paletó, acrescido de um casaco amplo que vai até aos pés, levantando às vezes a ponta de baixo para o ombro do lado oposto. Ao invés do chapéu, alguns usam um capuz do mesmo tecido do casaco, onde está preso e serve para cobrir a cabeça, costume este que impede mesmo a seus amigos de serem reconhecidos.

O Governador, os oficiais e a guarnição vestem-se com uma mortalha, à maneira dos franceses. Fiquei mesmo muito surpreso ao constatar que, numa região de clima tão quente, os oficiais se utilizem de um tecido tão grosso quanto o dos nossos soldados.

O Chefe e os oficiais da justiça são distinguidos por uma bengala de cana da Índia, arqueada, que as autoridades levam no braço esquerdo, acima do cotovelo, os subalternos usam-na presa na botoeira do bolso esquerdo de suas roupas.

Os escravos andam quase nus; a maioria se cobre com uma tanga em torno dos ombros. É raro encontrar algum deles com uma camisa ou veste. Mas, desde que recebam sua liberdade, eles podem se vestir como os brancos. As escravas negras usam somente um pedaço de tecido que as cobre da cintura até acima do joelho; as que estão libertas vestem-se como as outras mulheres, com uma saia e uma camisa abotoada na frente, como as camisas dos homens, e, quando saem de casa, colocam um grande pano por cima, de um tecido fino de lã, muitas vezes branco, bordado com um fio de ouro, prata ou outro material, segundo suas condições e possibilidades. Esta peça de tecido tem, em geral, duas alnas de comprimento por uma de largura. É arrumada de maneira que um dos ângulos se encontre no meio das costas e produza um efeito semelhante ao do capuz usado pelos carmelitas. O ângulo oposto cobre a cabeça, os dois restantes, depois de cobrirem os ombros e os braços até ao cotovelo, vêm se cruzar no peito, à moda dos manteletes das francesas. Às vezes, também, ao invés de cruzarem no peito, estas pontas passam sob o braço, que já está coberto, deixando ver a gargantilha. Esta maneira de se vestir é muito incômoda porque, ao menor movimento do corpo, o tecido perturba.

As portuguesas estabelecidas ou nascidas na Ilha de Santa Catarina e nas costas da terra firme que percorremos, são muito brancas de pele, apesar do calor do clima. Elas possuem, em geral, olhos grandes e bem puxados, mas de rosto pouco embelezado. Os habitantes, homens e mulheres, vivem numa grande ociosidade, e deixam aos seus escravos o cuidado da limpeza e arrumação e o pouco trabalho que se faz na região. A terra produz quase tudo o que é necessário para viver, sem que se dêem ao trabalho de cultivá-la. (Antoine Joseph Pernetty)

Iconografia

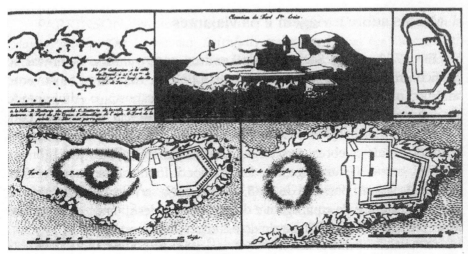

Figura 20 – Elevação do Forte de Santa Cruz.

Na parte referente ao Brasil, as ilustrações do livro de Pernetty retratam os contatos iniciais do viajante com o litoral e com as fortificações da Ilha de Santa Catarina. Em sua narrativa de viagem, antes de descrever seus encontros com as autoridades locais, o viajante buscou explorar a geografia. Para tornar mais claros seus escritos, inclui no livro um mapa do litoral, entre o continente e a ilha, onde destaca a posição protegida da vila e a pequena distância que a separa da terra firme. Em seguida, as imagens são dedicadas às fortificações, incluindo uma vista, em voo de pássaro, da Elevação do Forte da Santa Cruz (Elévation du Fort de la Saint Croix). Entre as ilustrações, há três plantas baixas dos fortes insulares. Ainda na parte superior da ilustração IV; ele retrata a bateria da Vila (Batterie de la Ville); na parte inferior, encontram-se as plantas do Forte da Ilha de Ratones (Fort de la Ille Ratonne) e do Forte da Ponta Grossa (Fort de la Grosse Pointe). Essas representações são marcadamente militares, concebidas, talvez, para instrumentalizar um plano de ataque.

1768 – A primeira viagem de circunavegação do capitão James Cook (Joseph Banks e Daniel Solander, James Cook e Sidney Parkinson)

Notas sobre a viagem e os viajantes

Em 1768, a Real Sociedade de Londres, com o intuito de enviar ao Pacífico um seleto grupo de sábios e astrônomos, requisitou ao governo britânico uma embarcação de longo curso. Em resposta, o Almirantado pôs à disposição dos sábios um navio de nome *Endeavour,* e designou para comandá-lo o oficial James Cook (1728-1779). Esse navegador tornar-se-ia um dos mais célebres personagens da Marinha britânica, protagonista de três viagens de circunavegação e descobridor de inúmeras terras no Paáfico. Quando da viagem científica de 1768, Cook já havia servido a Real Armada na qualidade de chefe de equipagem e de engenheiro, desfrutando da reputação de ser um marinheiro hábil, intrépido e competente.

O *Endeavour* partiu para sua bem-sucedida missão em 26 de agosto de 1768, do porto de Plymouth. O primeiro reabastecimento foi feito na Ilha da Madeira, em setembro. Dois meses depois (14 de novembro), o navio entrava no porto do Rio Janeiro para uma ancoragem de vinte e poucos dias (7 de dezembro). Dessa arribada restaram três depoimentos: o do próprio Cook – escrito por John Hawkesworth –, o do rico naturalista inglês Joseph Banks (1743-1820) e de seu assistente Daniel Solander (1736-1772) – um botânico sueco, ex-aluno de Lineu – e o de Sydney Parkinson, o desenhista da equipe de sábios que seguia na embarcação.

Obras

BANKS, Joseph, SOLANOER, Daniel. *Supplément au Voyage* de M. *de Bougainville; ou journal d'un voyage autour du monde, fait par MM. Banks et Solander, Anglois, en 1768, 1769, 1770 et 1771. Traduit de l'Anglois par M. De Fréville.* Paris: Saillant & Nyon, Libraire, 1772.

COOK, James. "Cook's Voyage (1768-1771)". In: HAWKESWORTH, John. *An account of the Voyages undertaken by the order of His Present Majesty for making Discoveries in the Southern Hemisphere, and successively performed by Commodore Byron, Captain Wallis, Captain Carteret, and Captain Cook, in the Dolphin, the Swallow, and the Endeavour: drawn up from the Journals which were kept by the several Commanders, And from the Papers of Joseph Banks, Esq; by John Hawkesworth LL.D. In three volumes. Illustrated with Cuts, and a great Variety of Charts and Maps relative* to *Countries now first discovered, or hitherto but imperfectly knoun.* London: W. Strahan and T. Cadell, 1773.

PARKINSON, Sydney. *A Journal of a Voyage* to *the South Seas, in his Majesty's Ship, The Endeavour. Faithfully transcribed from the Papers of the late Sydney Parkinson, Draughtsman to Joseph Banks, Esq. on his late Expedition, with Dr. Solander, round the World. Embellished with Views and Designs, delineated by the Author.* London: Stanfield Parkinson, 1773.

Edições em português

BANKS, Joseph & SOLANDER, Daniel. "Supplément au Voyage de M. de Bougainville ou Journal d'un Voyage autour du Monde...". In: FRANÇA, Jean Marcel Carvalho. *Visões* do *Rio de Janeiro Colonial:* antologia de textos, 1531-1800. Rio de Janeiro: José Olympio, 1999, p.139-41 [Fragmentos relativo ao Brasil].

COOK, James. *Viagem ao redor da Terra em 1769-1771 pelo tenente James Cook.* Trad. abreviada prof. Albertino Pinheiro. São Paulo: Brasiliense, 1944.

_____. "Cook's Voyage (1768-1771)". In: FRANÇA, Jean Marcel Carvalho. *Visões do Rio de Janeiro Colonial:* antologia de textos, 1531-1800. Rio de Janeiro: José Olympio, 1999, p.126-38 [Fragmento relativo ao Brasil].

PARKINSON, Sydney. "A journal of a voyage to the South Seas, in his Majesty's ship, the Endeavour...". In: FRANÇA, Jean Marcel Carvalho. *Outras visões do Brasil Colonial:* antologia de textos (1582-1808). Rio de Janeiro: José Olympio, 2000, p.221-4 [Fragmento relativo ao Brasil].

Edições mais acessíveis na língua original

BANKS, Joseph. *Journal of the Right Hon. Sir Joseph Banks: During Captain Cook's First Voyage in H.M.S. Endeavour in 1768-71 to Terra del Fuego, Otahite, New Zealand, Australia, the Dutch East Indies, etc.* London: Adamant Media Corporation, 2005.

COOK, James. *The journals of Captain Cook.* Prepared from the original manuscripts by J.C. Beaglehole for the Hakluyt Society, 1955-67; selected and edited by Philip Edwards. London/New York: Penguin Books, 1999.

PARKINSON, Sydney. *Journal of a Voyage to the South Seas.* London/ Dover: Caliban Books, 1984.

Fragmentos das narrativas

A cidade do Rio de Janeiro situa-se numa planície, localizada na margem ocidental do rio, e se estende por aproximadamente três ou quatro milhas. Ela é protegida, a norte, por uma colina, ao pé da qual estão os arrabaldes e os estaleiros reais.

O país, cujo clima é extremamente agradável, seria o mais fértil do mundo se não fosse tão mal cultivado. A costa é formada por uma cadeia de vales e de colinas de aspecto bastante pitoresco. Os rios e regatos conferem às regiões por onde passam uma deliciosa frescura. Desfruta-se aí de uma quase eterna primavera e as frutas tropicais crescem em grande abundância e quase sem nenhum cultivo – circunstância bastante feliz para os indolentes habitantes locais. (Joseph Banks e Daniel Solander)

Creio que todos estarão de acordo em admitir que as mulheres das colônias espanholas e portuguesas da América meridional concedem seus favores mais facilmente do que aquelas dos países civilizados. No que se refere ao Rio de Janeiro, algumas pessoas chegam a afirmar que na cidade não há uma única mulher honesta. Essa condenação é seguramente muito generalizante. O Dr. Solander,

Andanças pelo Brasil colonial 157

todavia, durante sua permanência na cidade, não foi capaz de elogiar a castidade dessas senhoras. Disse-me ele que, ao cair da noite, elas apareciam nas janelas, só ou acompanhadas, e jogavam buquês de flores sobre os seus eleitos quando esses passavam pela rua. Ainda segundo o doutor, ele e mais dois ingleses que o acompanhavam receberam um número tal de distinções que, ao final de um curto passeio, os seus chapéus estavam cobertos de flores. É verdade que não se pode negligenciar os costumes locais; muitas vezes, o que num país parece ser uma familiaridade indiscreta, em outro é um sinal de boa educação. Não vou me estender sobre este assunto, contento-me em dizer que trata-se de uma prática constante. (James Cook)

Depois de reunir o conselho, o vice-rei deliberou que a nossa tripulação estava proibida de desembarcar. Ele comprometia-se, no entanto, a nos enviar todos os suprimentos necessários. Ficamos terrivelmente desapontados ao recebermos essas notícias, pois esperávamos desfrutar de alguns momentos agradáveis em terra. O senhor Banks e o doutor Solander foram os que mais se mortificaram com a proibição. Mas, não obstante todas as precauções do vice-rei, conseguimos, em grande medida, satisfazer a nossa curiosidade. Obtivemos um razoável conhecimento do rio e do porto, por meio das diversas visitas de serviço que fizemos à terra. Freqüentemente, também, escapulíamos pela janela da cabine e, utilizando um cabo, descíamos até um bote. Aproveitando a maré, seguíamos para longe dos ouvidos do sentinela e remávamos em direção a uma parte menos freqüentada do porto. Então desembarcávamos e fazíamos breves excursões pelas vizinhanças da cidade – infelizmente, nunca íamos tão longe como desejávamos. (Sydney Parkinson)

Iconografa

Não há.

1773 – Evariste Parny

Notas sobre a viagem e o viajante

O poeta Evariste-Desiré Parny nasceu em Saint Paul, na Ilha de Bourbon, em 1735, e morreu em Paris em 1824. Filho de uma das mais nobres famílias da pequena colônia francesa do Índico, Parny foi enviado muito jovem para Paris, onde fez os seus primeiros estudos e iniciou a sua carreira na Marinha.

Em 1773, então com vinte anos, o poeta empreendeu uma viagem à sua terra, a referida Ilha de Bourbon (hoje chamada Ilha da Reunião), situada no arquipélago de Mascarenhas, a leste de Madagáscar. Durante a longa e dura viagem, o jovem entreteve-se descrevendo aos parentes e amigos, em missivas bem humoradas e recortadas por versos, as peripécias por que ia passando. Do Rio de Janeiro, onde desembarcou em 16 de agosto de 1773 e permaneu até 5 de setembro, Parny enviou uma única carta, endereçada ao irmão.

Obra

PARNY, Evariste. *Oeuvres Diverses*. Paris: Debray, Libraire, 1812.

Edições em português

TAUNAY, Afonso de Escragnolle. *Rio de Janeiro de antanho: impressões de viajantes estrangeiros*. São Paulo: Companhia Editora Nacional, 1942 [Paráfrase do fragmento de Evariste Parny relativo ao Brasil].

PARNY: Evariste. "Oeuvres Diverses". In: FRANÇA, Jean Marcel Carvalho. *Visões do Rio de Janeiro Colonial*: antologia de textos, 1531-1800. Rio de Janeiro: José Olympio, 1999, p.142-5 [Fragmento relativo ao Brasil].

Edição mais acessível na língua original

Não há.

Fragmento da narrativa

No mercado, encontramos somente pedrarias mal talhadas, mal cravadas e a um preço excessivo. Quando retomávamos para a cidade, um escravo se aproxi-

mou e pediu aos nossos acompanhantes que nos fizessem entrar num jardim das vizinhanças, onde havia uma série de tendas. A primeira abrigava uma capela finamente decorada com móveis de ouro maciço. A segunda continha quatro camas, cujos cortinados eram de um tecido precioso da China, as colchas eram de damasco, enriquecidas com franjas e grãos de ouro, e os lençóis eram de musselina bordada, guarnecida com rendas. A terceira, toda composta por peças de prata, servia de cozinha. Quando entrei na quarta tenda, julguei-me transportado para um destes palácios encantados, construídos pelos romancistas. Em cada um dos quatro cantos, havia um armário repleto de baixelas de ouro e de grandes vasos de cristal contendo os mais raros vinhos. A mesa era coberta por uma esplendorosa toalha e por frutas da Europa e da América. A felicidade que nos arrebatava misturava-se com a ilusão. Tudo que eu comia me parecia delicioso, um verdadeiro néctar preparado pelas mãos de algum gênio. Saímos desse lugar agradecendo ao deus que o tinha criado. Esse deus era um senhor de aproximadamente cinqüenta anos, poderosamente rico, mas que gastava mais do que possuía. Sua única paixão era dissipar os seus bens e o dos outros com os prazeres do bem viver. Ele faz transportar as suas tendas para todos os lugares onde se anuncia algum divertimento. Quando o lugar torna-se enfadonho, ele vai embora. Esse homem é um encantador epicurista, digno de portar a fita gridelim.

Iconografia

Não há.

1782 – Juan Francisco de Aguirre

Notas sobre a viagem e o viajante

Dom Juan Francisco de Aguirre (1756-1811) nasceu em Donamaria, a norte de Pamplona, no seio de uma família nobre. A sua vida marítima começou em 1772, quando entrou para os quadros da Real Armada de Sua Majestade Católica. Em 1781, o então tenente Aguirre passou a servir sob as ordens do capitão D. José Varela y Ulloa, responsável pela comissão delimitadora dos territórios portugueses e espanhóis na América austral. Essa comissão tinha a difícil tarefa de concre-

160   *Jean Marcel Carvalho França e Ronald Raminelli*

tizar os termos do *Tratado de Santo Ildefonso* (1777) e regulamentar as fronteiras entre o Brasil e as possessões espanholas.

Aguirre e seus companheiros, a bordo de uma embarcação portuguesa de nome *Santíssimo Sacramento*, partiram de Lisboa em 23 de janeiro de 1782, alcançando a Baía de Guanabara em 10 de março. O espanhol permaneceu somente 25 dias na cidade do Rio de Janeiro.

Obra

AGUIRRE, Juan Francisco de. Diário de J. F. de Aguirre. In: *Anales de Ia Biblioteca. Publicatión de Documentos Relativos al Rio de Ia Plata.* Buenos Aires: Imprenta y Casa Editora de Coni Hermanos, 1905. t.V.

Edição em português

AGUIRRE, Juan Francisco de. "Diário de J. F. de Aguirre". In: FRANÇA, Jean Marcel Carvalho. *Visões do Rio de Janeiro Colonial: antologia de textos, 1531-1800.* Rio de Janeiro: José Olympio, 1999, p.146-65 [Fragmento relativo ao Brasil].

TAUNAY, Afonse de Escragnolle. No Rio de Janeiro dos vice-reis. São Paulo: *Anais do Museu Paulista*, tomo XI, 1943. [Paráfrase do fragmento relativo ao Brasil.]

Edição mais acessível na língua original

Não há.

Fragmento da narrativa

Pelas poucas casas que conhecemos, pudemos concluir que os portugueses apreciam muito os móveis em madeira, alguns dos quais bastante curiosos. Igualmente apreciados são os jardins. Nas ruas, as suas vestimentas são discretas e excetuando as gentes de farda, quase não se vêem galões ou quaisquer outros objetos de ouro e prata. Tais objetos não são produzidos em Portugal e, desde o governo do Marquês de Pombal, a importação de produtos estrangeiros é muito reduzida. Observamos que os portugueses quase não usam seda, preferindo os tecidos de algodão ingleses ou indianos. As casacas de lã, apesar do intenso calor que faz nessa região, são bastante comuns; ninguém as dispensa. Os oficiais e mestres de qualquer ofício usam perucas, as quais parecem ser mais estimadas do que o próprio cabelo. Nem mesmo os negros dispensam esse adereço e estão sempre bem penteados e empoados. Mas o forte dos adereços são as pedras preciosas, que adornam os chapéus, os anéis, os botões, os peitilhos e as fivelas.

Iconografia

Não há.

1782 – Friedrich Ludwig Langstedt

Notas sobre a viagem e o viajante

As tropas inglesas na Índia, desde de muito cedo, contaram com um largo contingente de mercenários alemães. Em 1781, o capitão do navio inglês *Benjamin and Ann*, embarcação de transporte que rumava para a Índia e certamente contava com muitos desses homens *adquiridos* no Reno, julgou por bem contratar um pastor protestante para amparar espiritualmente os germânicos. A vaga foi preenchida por um capelão de nome Friedrich Ludwig Langstedt, acerca do qual não conseguimos obter nenhuma informação.

Por seu relato, ficamos a saber que o *Benjamin and Ann* e mais 23 embarcações zarparam de Portsmouth em outubro de 1781. As condições da viagem devem ter sido as piores possíveis, pois, em 29 de abril de 1782, quando a frota ancorou na Baía de Guanabara. a doença e a morte tinham feito muitas baixas no seio das tripulações. Os que resistiram à dura travessia tiveram três meses de descanso em solo carioca.

Obra

LANGSTEDT, Friedrich Ludwig. *Reisen nach Südamerika, Asien und Africa, nebst Geographischen Historischen und das Kommerzium betreffenden Anmerkungen von F. L. Langstedt. Mit Kupfer.* Verlage: Christ. Lud. Luchsfeld, 1789.

Edição em português

LANGSTEDT, Friedrich Ludwig. "Reisen nach Sudamerika, Asien und Afrika, nebst Geographischen Historischen...". In: FRANÇA, Jean Marcel Carvalho. *Visões do Rio de Janeiro Colonial:* antologia de textos, 1531-1800. Rio de Janeiro: José Olympio, 1999, p.166-74 [Fragmento de Friedrich Ludwig Langstedt relativo ao Brasil].

TAUNAY, Afonso de Escragnolle. *No Rio de Janeiro dos vice-reis.* São Paulo: Imprensa do Estado, 1943 [Paráfrase do fragmento de Friedrich Ludwig Langstedt relativo ao Brasil].

Edição mais acessível na língua original

Não há.

Fragmento da narrativa

O caráter da nação em seu conjunto não é o mais recomendável. Assim como não são recomendáveis os costumes e hábitos dos portugueses da América, segundo nos contam os viajantes mais inteligentes que escreveram sobre o assunto. Eles são descritos como um povo mergulhado num luxo mais que feminino e, por isso mesmo, dotado de um temperamento hipócrita e dissimulador. São apresentados como um povo pouco sincero e desonesto, além de preguiçoso, orgulhoso, cruel e mesquinho. Semelhantes aos povos de todos os climas meridionais, os portugueses do Brasil, segundo dizem, apreciam mais o fausto e o luxo, do que os divertimentos de uma sociedade livre e os encantos de uma boa mesa. As suas festas, bastante freqüentes, são dispendiosas e excessivamente ostentatórias. Esse qua-

dro pouco abonador, no entanto, além de ser um pouco exagerado, deve dizer respeito somente à populaça, pois há entre os habitantes locais indivíduos honestos e de caráter amigável.

Iconografia

Não há.

1784 – Joseph Dombey

Notas sobre a viagem e o viajante

Em novembro de 1777, sob o patrocínio da coroa espanhola, dois jovens botânicos, Hipólito Ruiz e José Pavón, partiram de Cádis com destino a Lima, incumbidos de promover o levantamento mais completo possível da vida vegetal da América Espanhola. Ao lado dos espanhóis, viajava, na qualidade de acompanhante, o médico e naturalista francês Joseph Dombey (1742-1794), a quem a corte espanhola, a pedido do próprio Luis XVI, de França, dera autorização para estudar os territórios do Peru.

Depois de despender sete anos na América Espanhola, anos marcados por muitas pesquisas, mas também por muitos desentendimentos com os espanhóis, Dombey resolveu retomar para casa. Com esse intuito, em 14 de abril de 1784, ele embarcou, em Callao, no navio *El Peruano*, que rumava para Cádis. No dia 4 de agosto do mesmo ano, munido da imensa coleção de plantas que recolhera (73 caixas), o francês desembarcou no Rio de Janeiro, aí permanecendo até o fim do mês de outubro.

Obra

HAMY, Jules Theodore Ernest. *Joseph Dombey, médecin, naturaliste, archéologue, explorateur du Pérou, du Chili et du Brésil (1778-1785). Sa vie, son oeuvre, sa correspondance, Avec un choix de piéces relatives à sa*

Mission, une carte et cinq planches hors texte, Par Le Dr E. T. Hamy Membre de l'Institut et de l'Académie de Médecine, Professeur au muséum d'Histoire Naturelle, Présidente de la Société des Américanistes de Paris, etc. Paris: E. Guilmoto, 1905.

Edição em português

HAMY, Jules Theodore Ernest. "Joseph Dombey, médecin, naturaliste, archéologue, explorateur du Pérou...". In: FRANÇA, Jean Marcel Carvalho. *Outras visões do Brasil Colonial:* antologia de textos (1582-1808). Rio de Janeiro, José Olympio, 2000, p.225-9 [Fragmentos relativos ao Brasil].

Edição mais acessível na língua original

Não há.

Fragmento da narrativa

As chuvas quase contínuas não me têm permitido herborizar no Rio de Janeiro. E a região é bastante fértil, em virtude tanto de sua localização quanto da umidade do ar. Do pouco que consegui ver, tudo era novo para mim.

Durante a pequena excursão que fiz pelos arredores da cidade, encontrei o Dalechampia scandes e duas espécies novas que denominei D. cordifolia e D. triphylla. O Dalechampia scandes de linho é trilobado. Encontrei, também, uma espécie nova de Lythrum, empregado com sucesso no combate às doenças venéreas. O Brasil é fértil em diferentes tipos de palmeiras, os quais, se me encontrasse em situação mais favorável, descreveria com detalhes.

Iconografia

Não há.

1787 – A primeira frota colonizadora da Austrália (William Bradley, John Hunter, Arthur Phillip, Watkin Tench e John White)

Notas sobre a viagem e os viajantes

Em 1787, a coroa inglesa decidiu enviar à costa australiana, nomeadamente a Botany Bay e Port Jackson, uma grande expedição colonizadora. Foram preparadas, então, onze embarcações, com o fim de transportar para o local uma carga humana nada desprezível: 736 condenados (188 dos quais mulheres), 203 marinheiros e oficiais desacompanhados, 27 acompanhados de suas esposas e 37 crianças.

A *Primeira Frota*, como ficaria conhecida, zarpou de Plymouth a 12 de maio de 1787, alcançando Tenerife (Canárias) um mês mais tarde. A travessia do Atlântico – iniciada em Cabo Verde – não foi das mais felizes: os navios enfrentaram uma interminável calmaria, os alimentos frescos e a água escassearam e o escorbuto desatou a fazer vítimas entre os condenados. Para grande alívio de todos, a 2 de agosto, a frota avistou o Cabo Frio e, três dias depois, lançou ferro na Baía de Guanabara.

Dessa arribada, que durou um mês (4 de setembro de 1787), dão-nos conta pelo menos cinco relatos: um, atribuído ao almirante Arthur Phillip (1738-1814), o oficial escolhido pelo almirantado britânico para governar os primeiros núcleos de povoamento da Nova Gales; outro, saído da pena de John White (1756?-1832), cirurgião-mor da esquadra; um terceiro, assinado pelo tenente-capitão Watkin Tench (1758?-1833); um quarto, deixado pelo capitão de um dos navios da esquadra de nome John Hunter (1738-1821); e um quinto, da autoria de William Bradley (1758?-1833), primeiro-tenente do *Syrius*, navio capitaneado por Hunter.

Obras

BRADLEY, William. *A Voyage to New South Wales, the Journal of Lieutenant William Bradley RN of HMS Sirius, 1786-1792*. Sydney: The Truste-es of the Public Library of New South Wales in association with Ure Smith Pty Ltd., 1969.

HUNTER, John. *An Historical Journal of the Transactions at Port Jackson and Norfolk Island with the Discoveries which have been made in New South Wales and in the Southern Ocean, since the publication of Phillip's Voyage, compiled from Official Papers, Including the Journal of Governors Phillip and King, and of Lieut. Ball; and the Voyages From the first Sailing of the Sirius in 1787, to the Return of that Ship's Company to England in 1792. By Iohn Hunter, Esqr. Past Captain in His Majesty's Navy. Illustrated with seventeen Maps, Charts, Views & other embellishments, Drawn on the Spot by Captains Hunter, Bradley, Lieutenant Dawes & Governor King.* London: John Stockdale, 1793.

PHILLIP, Arthur. *The voyage of Governor Phillip to Botany Bay; with an Account of the Establishment of the Colonies of Port Jackson & Norfolk Island; compiled from Authentic Papers, which have been obtained from the several Departments, to which are added, The Journals of Lieut^s. Shortland, Watts, Ball, & Capt. Marshall with an Account of their New Discoveries. Embellished with fifty fine Copper Plates, The Maps and Charts taken from Actual Surveys, & the Plans & Views drawn on the Spot, by Capt. Hunter, Lieut^s. Shortland, Watts, Dawes, Bradley, Capt. Marshall, &c.* London: John Stockdale, 1789.

TENCH, Watkin. *A Narrative of the Expedition to Botany Bay; with an account of New South Wales, its productions, inhabitants, &c, to which is subjoined A list of the Civil and Military Establishments at Port Jackson. By Captain Watkin Tench of Marines.* London: J. Debrett, 1789.

WHITE, John. *Journal of a Voyage to new South Wales with Sixty-five Plates of non descript Animals, Birds, Lizards, Serpents, curious Cones of Trees and other natural Productions By John White Esqre. Surgeon General to the Settlement.* London: J. Debrett, 1790.

Edições em português

BRADLEY, William. "A Voyage to New South Wales...". In: FRANÇA, Jean Marcel Carvalho. *Outras visões do Brasil Colonial:* antologia de textos (1582-1808). Rio de Janeiro: José Olympio, 2000, p.234-9 [Fragmento relativo ao Brasil].

HUNTER, John. "An historical journal of the transactions at Port Jackson and Norfolk Island...". In: FRANÇA, Jean Marcel Carvalho.

Outras visões do Brasil Colonial: antologia de textos (1582-1808). Rio de Janeiro: José Olympio, 2000, p.231-4 [Fragmento relativo ao Brasil].

PHILLIP, Arthur. "The voyage of Governor Phillip to Botany Bay...". In: FRANÇA, Jean Marcel Carvalho. *Visões do Rio de Janeiro Colonial: antologia de textos, 1531-1800.* Rio de Janeiro: José Olympio, 1999, p.176-8 [Fragmento relativo ao Brasil].

TAUNAY, Afonso de Escragnolle. *Rio de Janeiro de antanho: impressões de viajantes estrangeiros.* São Paulo: Companhia Editora Nacional, 1942 [Paráfrase do fragmento de John White relativo ao Brasil].

_____. *No Rio de Janeiro dos vice-reis.* São Paulo: Imprensa do Estado, 1943 [Paráfrase do fragmento de Watkin Tench relativo ao Brasil].

TENCH, Watkin. "A Narrative of the Expedition to Botany Bay. With an account of New South Wales...". In: FRANÇA, Jean Marcel Carvalho. *Visões do Rio de Janeiro Colonial:* antologia de textos, 1531-1800. Rio de Janeiro: José Olympio, 1999, p.189-93 [Fragmento relativo ao Brasil].

WHITE, John. "Journal of a Voyage to New South Wales...". In: FRANÇA, Jean Marcel Carvalho. *Visões do Rio de Janeiro Colonial:* antologia de textos, 1531-1800. Rio de Janeiro: José Olympio, 1999, p.178-89 [Fragmento relativo ao Brasil].

Edições mais acessíveis na língua original

BRADLEY, William. *Journal of a Voyage to New South Wales; Scientific Travellers, 1789-1874 (Scientific Travellers, 1790-1877)* [fac-símile]. By John White. Abingdon: Routledge, 2004.

HUNTER, John. *Historical Journal of the Transactions at Port Jackson and Norfolk Island – An With the Discoveries Which Have Been Made in New South Wales and in the Southern Ocean.* McLean: Indypublish, 2006.

PHILLIP, Arthur. *The Voyage of Governor Phillip to Botany Bay With an Account of the Establishment of the Colonies of Port Jackson and Norfolk Island (1789).* New York: Hard Press, 2006.

TENCH, Watkin. *A Narrative of The Expedition to Botany Bay.* Building: Echo Library, 2006.

168 Jean Marcel Carvalho França e Ronald Raminelli

WHITE, John. *Journal of a Voyage to New South Wales: Scientific Travellers, 1789-1874 (Scientific Travellers, 1790-1877). Fac-símile* da l.ed. Abingdon, Oxford: Routledge, 2004.

Fragmentos das narrativas

Dez dias neste porto bastaram para que os condenados adquirissem um estado de saúde melhor do que aquele que gozavam quando deixaram Spithead. Certos homens, contrários aos desígnios dessa expedição, quiseram levar o mundo a crer que uma febre maligna grassava entre a tripulação e que éramos obrigados a lançar ao mar mais de dez cadáveres por dia. As boas notícias que enviamos daqui para a Inglaterra, mostrará o quão distante da verdade são tais afirmações. Todos esperavam que tivéssemos doentes a bordo, pois levávamos muitos homens confinados num pequeno espaço. Alguns industriosos senhores, contudo, exageraram muitíssimo no número de baixas que divulgaram para o público. Arrisco-me a dizer, com pouca probabilidade de errar, que poucas cidades da Grã Bretanha, com uma população de 1500 habitantes (número de homens que tínhamos a bordo), teriam, em igual período de tempo, tão poucas baixas e tão poucos doentes. (William Bradley)

Nesta cidade, fomos tratados com extrema civilidade e polidez. Um dia ou dois após a nossa chegada, todos os oficiais da frota foram cumprimentar o vice-rei, que pareceu desejoso, dentro do possível, isto é, dentro dos limites impostos pelas determinações da corte de Portugal referentes a estrangeiros, de fazer com que a nossa estada no lugar fosse proveitosa e agradável.

É costume por aqui, um barco patrulha rodear dia e noite o navio estrangeiro desde o instante em que este ancora no porto. Quando um bote desse navio vai à terra, um soldado é colocado a bordo e aí permanece enquanto durar a visita. Dizem que essas práticas são para coibir o contrabando, crime que é punido com extrema severidade. Uma vez em terra, o visitante é acompanhado, aonde quer que vá, por um soldado. Essa vigilância teria sido bem pouco apreciada por nós. Felizmente, fomos autorizados a passear livremente por onde nos aprouvesse, excetuando as fortalezas; tal privilégio jamais fora concedido a nenhum estrangeiro. (John Hunter)

O que neste país mais chama a atenção de um estrangeiro, principalmente de um protestante, é a quantidade prodigiosa de imagens de santos espalhadas pela

Andanças pelo Brasil colonial 169

cidade e a devoção de que são alvo. Essas imagens estão colocadas em quase todas as ruas e os habitantes jamais passam por elas sem fazer uma respeitosa saudação. Durante a noite, os devotos reúnem-se em torno do seu santo de eleição, recitam preces e cantam, em bom som, hinos religiosos. Os costumes dos habitantes, no entanto, segundo se comenta, não faz jus a esse excesso de fervor. Mas, é preciso dizer, em todos os países, sob todos os climas, os atos exteriores de devoção superam os atos interiores, estes bem mais essenciais. Confesso, no entanto, que não achei as mulheres locais tão complacentes como querem alguns viajantes. (Arthur Phillip)

A polícia do Rio de Janeiro é excelente. As ruas são assiduamente patrulhadas e os distúrbios são raros. O deplorável costume do esfaqueamento por vingança estaria já totalmente extinto, se a igreja deixasse de dar abrigo aos criminosos. Em outros aspectos, o progresso tem sido lento e continuamente entravado por obstáculos quase insuperáveis, cuja maléfica influência persistirá enquanto não for adotado um modo de vida mais civilizado. De manhã até à noite, os ouvidos do estrangeiro são brindados com o repicar dos sinos dos conventos e seus olhos, saudados com procissões de devotos. Nessas últimas, a piedade e a leviandade caminham lado a lado, revezando-se continuamente. Queres fazer com que teu filho deteste a tropa? Leve-o para ver uma companhia da milícia burguesa de Londres num dia de exercício. Quem quiser que o filho tome aversão ao papismo, basta expô-lo à preguiça, à ignorância e à beatice deste lugar. (Watkin Tench)

Ao cair da tarde, quando retomava para a cidade, observei que um numeroso grupo de homens, mulheres e crianças entrava numa igreja ricamente decorada, situada numa rua afastada. Por curiosidade, resolvi juntar-me a eles. Mas tudo o que ganhei com essa atitude, após ter sido empurrado e ter feito infinitos esforços para sair do meio daquele aperto, foi ver os que tinham entrado ajoelharem-se e orarem com aparente fervor. Em um dos lados da igreja, encontrava-se um homem coberto de farrapos, vendendo à multidão alguns rosários bentos. Ao sair, encontrei à porta outro desses vendedores. Confesso que não pude deixar de rir e de os comparar àqueles charlatões que, do alto de um cavalete, oferecem suas drogas aos passantes. Vi ainda, na rua, um número considerável desses piedosos mercadores e acabei por comprar, de um deles, alguns dos tais rosários. Assim procedi, porque temia comprometer-me caso não imitasse o comportamento dos devotos habitantes da colônia. (John White)

Iconografia

Figura 21 – Cidade de São Sebastião, Rio de Janeiro, o navio *Sirius* e seu comboio ancorados (1787).

Mesmo sem o rigor da pintura acadêmica, W. Bradley descreveu em imagens a baía de Guanabara e não esqueceu seus recortes costeiros, morros, pedras, portos e casarios. Embora a esquadra rumasse em direção à Austrália para conduzir seus primeiros colonizadores britânicos, o olhar de Bradley sobre a cidade fixa sobre os alvos militares, os acidentes geográficos e as construções responsáveis por proteger a baía da Guanabara de ataques externos.

Temas de algumas ilustrações:

In Rio de Janeiro towards the entrance.
Villegaignon, convent and Gloria to the Acqueduct Rio de Janeiro.

City of S. Sebastian, Rio de Janeiro Sirius and Convoy at anchor.
View of a fortified bay on the e side the entrance of Rio de Janeiro.
Fortified bay on the W side the entrance of Rio de Janeiro coast of Brazil.
Rio de Janeiro on the coast of Brazil.

1790-1791 – George Hamilton

Notas sobre a viagem e o viajante

Não é muito o que conseguimos apurar sobre George Hamilton, o cirurgião inglês que passou pelo Rio de Janeiro no início do ano de 1791. Hamilton iniciou a sua carreira naval em 1777, a bordo do *HMS Tortoise*. A sua larga experiência marítima – o cirurgião servira na guerra de independência americana e participara de algumas viagens às Índias Orientais – fez com que fosse comissionado, em agosto de 1790, para cirurgião da *Pandora*, uma fragata de 24 canhões. A embarcação, que estava sob o comando do capitão Edward Edwards, em breve zarparia com uma missão assaz complicada: encontrar, em uma das centenas de ilhas dos mares do Sul, os amotinados do famoso navio *Bounty*.

A *Pandora* deixou o porto de Portsmouth a 7 de novembro de 1790 e, no dia 22 do mesmo mês, ancorou em Santa Cruz de Tenerife. A travessia do Atlântico, iniciada a 25 de novembro, não foi lá muito agradável. A tripulação, em sua esmagadora maioria, padeceu com o calor e com uma febre que surgiu logo no início da viagem. Para alívio de todos, no dia 31 de dezembro, a fragata lançou âncora no porto carioca para oito dias de descanso.

Obra

HAMILTON, George. *A Voyage round the World, in His Majesty's Frigate Pandora. Performed under the Direction of Captain Edwards In the years 1790, 1791, and 1792. By Mr. George Hamilton, late Surgeon of the Pandora. With the Discoveries made in the South-Sea; and the many Distresses experienced by the Crew from Shipwreck and Famine, in a Voyage of Eleven Hundred*

Miles in open Boats, between Endeavour Straits and the Island of Timor. Berwick: W. Phorson; London: B. Law and Son, 1793.

Edição em português

HAMILTON, George. "A Voyage round the World, in His Majesty's frigate Pandora...". In: FRANÇA, Jean Marcel Carvalho. *Outras visões do Brasil Colonial:* antologia de textos (1582-1808). Rio de Janeiro: José Olympio, 2000, p.240-5 [Fragmento relevante ao Brasil].

Edição mais acessível na língua original

HAMILTON, George. *A Voyage round the world in His Majesty's Frigate Pandora.* Facsimile of the rare original edition of 1793. Introductory essay by Peter Gesner, maritime archaeologist from the Qeensland Museum, and foreword by His Excellency Alex Allan, British High Commissioner. Sydney: Published for the Australian National Maritime Museum by Hordem House, 1998.

Fragmento da narrativa

... A copa das laranjeiras e de outras elevadas e cerradas árvores, dispostas em diferentes partes desse jardim, podem abrigar cerca de mil pessoas. Debaixo delas, as ninfas libertinas levam a termo suas pândegas nortunas.

As intrigas amorosas, contudo, vêm sempre acompanhadas de grandes perigos. Aqui, os estiletes são muito utilizados, os assassinatos são freqüentes, os homens são possuídos por um ciúme sanguinário e as mulheres, que nunca aparecem em público sem a proteção de um véu, muito dadas à galanteria. Bougainville, o circunavegador francês, quando passou por este porto, teve seu capelão assassinado em virtude de uma querela amorosa ... .

Iconografia

Não há.

1791 – George Barrington

Notas sobre a viagem e o viajante

George Barrington, o célebre batedor de carteiras, nasceu em Maymooth, próximo a Dublin, por volta de 1755, e faleceu em Parramatta (Austrália), em 1804. Filho de um ourives, de nome Henry Waldron, o irlandês teve uma infância pobre e estudou graças à generosidade de algumas pessoas influentes que admiravam o seu talento e inteligência.

Em 1790, após diversas passagens pela prisão, o batedor de carteiras foi condenado a cumprir sete anos em Botany Bay (Austrália). Barrington e mais 292 condenados partiram de Plymouth, no navio *Albemarle*, em janeiro de 1791. Na altura da Madeira, os condenados amotinaram-se e tentaram apoderar-se da embarcação. Abafada a tentativa de motim, o *Albemarle* rumou diretamente para o Rio de Janeiro, arribando na Baía de Guanabara entre os meses de abril e maio de 1791.

Obra

BARRINGTON, George. *A voyage to New South Wales with a description of the country*. Philadelphia: Printed by Thomas Dobson, 1796.

Edição em português

BARRINGTON, George. "A voyage to New South Wales...". In: FRANÇA, Jean Marcel Carvalho. *Visões do Rio de Janeiro Colonial*: antologia de textos, 1531-1800. Rio de Janeiro: José Olympio, 1999, p.194-6 [Fragmento relativo ao Brasil].

Edição mais acessível na língua original

BARRINGTON, George. *A voyage to New South Wales by George Barrington; to which is prefixed a detail of his life, trials, speeches, etc.* Australia: View Productions, 1985.

Fragmento da narrativa

O porto é muito cômodo e tem espaço para receber um grande número de embarcações, que podem aí ancorar em segurança e manterem-se protegidas dos ventos. A cidade de São Sebastião é grande e bem construída, mas situada num terreno baixo, úmido e cercado por altas montanhas. Ela nunca recebe ar fresco, nem do mar nem da terra, por isso, o calor, durante o verão, é insuportável e o ar, em todas as estações, é terrivelmente insalubre. Há na urbe algumas ruas largas, a maioria delas, porém, é estreita. A praça situada em frente ao lugar de desembarque é grande e abriga, na extremidade sul, o palácio do vice-rei, um belo edifício construído em pedra, que, segundo dizem, é ricamente mobiliado. O interior das igrejas é fartamente decorado e em muitas delas podem ser encontrados belos órgãos e valiosos quadros.

Iconografia

Não há.

1792 – A embaixada à China de Lorde Macartney (Aeneas Anderson, John Barrow, Samuel Holmes e George Leonard Staunton)

Notas sobre a viagem e os viajantes

Em 1792, Jorge III, com o intuito de tornar as relações com os chineses mais cordiais e sobretudo mais produtivas, resolveu enviar à China uma missão diplomática. À frente dessa pioneira missão, preparada com extremo cuidado pela coroa inglesa, estava o renomado Lorde George Macartney (1737-1806), um homem com larga experiência político-diplomática e excelente conhecimento dos povos do Oriente.

A comitiva de Lorde Macartney partiu de Portsmouth, em 26 de setembro de 1792, a bordo de três embarcações: o *Lion*, o *Hindostan* e a corveta *Jackall* – que desapareceu no início da viagem, depois de uma tempestade. Do porto britânico, os navios dirigiram-se para a ilha da Madeira, e daí para Tenerife, onde permaneceram ancorados por uma

Andanças pelo Brasil colonial

semana. A 2 de novembro, as embarcações, carentes de água e de víveres, alcançaram Santiago (Cabo Verde). Um mês mais tarde, a 30 de novembro de 1792, a frota entrava na baía de Guanabara.

Os representantes de Sua Majestade Britânica permaneceram pouco mais de duas semanas no Rio de Janeiro. Dessa curta estada restaram pelo menos quatro testemunhos. O primeiro é assinado por Sir George Leonard Staunton (1737-1801), secretário da embaixada e, em caso de ausência do embaixador, ministro plenipotenciário; o segundo é da lavra do ex-tutor do filho de Staunton, John Barrow (1764-1848), que embarcou na qualidade de intendente da missão; o terceiro é atribuído a Aeneas Anderson, criado pessoal do embaixador, e o último, a Samuel Holmes, um soldado da guarda privada do embaixador.

Obras

ANDERSON, Aeneas. *A Narrative of the British Embassy to China, in the Years 1792, 1793, and 1794; containing the various circumstances of the embassy, with accounts of customs and manners of the Chinese; and description of the country, towns, cities, &c. &c. By Aeneas Anderson, then in the service of his excellency earl Macartney, K.B. Ambassador from the King of Great Britain to the Emperor of China.* Dublin: William Porter; For P. Wogan; P. Byrne, 1795.

BARROW, John. *A voyage to Cochinchina, in the years 1792 and 1793: Containing a General view of the valuable productions and the political importance of this flourishing kingdow; and also of such European settlements as were visited on the voyage: With sketches of the manners, character, and condition of their several inhabitants. To which* is annexed an account of a journey, made in the years 1801 and 1802, to the residence of the chief of the Booshuana Nation, being the remotest point in the interior of southern africa to which Europeans have hitherto penetrated. The facts and descriptions taken from a manuscript journal. Whith a chart of the Route. By John Barrow, Esq. F.R.S. Author of "Travels in southern Africa", and "Travels in china". London: T. Cadell and W. Davies, 1806.

HOLMES, Samuel. *The journal of Mr. Samuel Holmes, serjeant-major of the XIth light dragoons, during his attendance, as one of the guard on Lord Macartney's embassy to China and Tartary. 1792-3. Printed without addition, abridgement, or amendment, from the original diary kept during that expedition.* London: W. Bulmer and Co., 1798.

STAUNTON, George. *An authentic account of an Embassy from the King of Great Britain to the Emperor of China; including cursory observations made, and information obtained, in travelling through that ancient Empire, and a small part of Chinese Tartary. Together with a relation of the Voyage undertaken on the occasion by His Majesty's Ship The Lion, and the Ship Hindostan, in the East India Company's service, to the Yellow Sea, and Gulf of Pekin; as well as of their retum to Europe; with notices of the several places where they stopped in their way out and home; being the Islands of Madeira, Teneriffe, and St. Jago; the port of Rio de Janeiro in South America; the Island of St. Helena, Tristan d'Acunha, and Amsterdam; the coast of Java, and Sumatra, the Nanka Isles, Pulo Condore, and Conhin-China. Taken chiefly from papers of His Excellency the Earl of Macartney, Knight of the Bath, His Majesty's Embassador Extraordinary and Plenipotenciary of the Emperor of China; Sir Erasmus Gower, Commander of the Expedition, and of other Gentlemen in the several departments of the Embassy. By sir George Staunton, Baronet, Honorary Doctor of laws of the University of Oxford, Fellow of the Royal bassy to the Emperor of China, and Minister Plenipotentiary in the absence of the Embassador. In Two Volumes.* Dublin: Printed for P. Wogan, R. Cross, P. Byrne, J. Rice, J. Halpin, and N. Kelly, 1798. 2v.

Edições em português

ANDERSON, Aeneas. "A Narrative of the British Embassy to China in the Years 1792, 1793, and 1794". In: FRANÇA, Jean Marcel Carvalho. *Visões do Rio de Janeiro Colonial:* antologia de textos, 1531-1800. Rio de Janeiro: José Olympio, 1999, p.225-31 [Fragmento relativo ao Brasil].

BARROW, John. "A voyage to Cochinchina, in the years 1792 and 1793...". In: FRANÇA, Jean Marcel Carvalho. *Visões do Rio de Janeiro Colonial:* antologia de textos, 1531-1800. Rio de Janeiro: José Olympio, 1999, p.211-25 [Fragmento relativo ao Brasil].

HOLMES, Samuel. "The journal of Mr. Samuel Holmes, sergeant-major of the XIth light dragoons...". In: FRANÇA, Jean Marcel Carvalho. *Outras visões do Brasil Colonial:* antologia de textos (1582-1808). Rio de Janeiro: José Olympio, 2000, p.252-7.

STAUNTON, George Leonard. "An authentic account of an embassy from the King of Great Britain to the Emperor of China". In: FRANÇA, Jean Marcel Carvalho. *Visões do Rio de Janeiro Colonial:* antologia de textos, 1531-1800. Rio de Janeiro: José Olympio, 1999, p.180-211 [Fragmento relativo ao Brasil].

TAUNAY, Afonso de Escragnolle. *No Rio de Janeiro dos vice-reis.* São Paulo: Imprensa do Estado, 1943 [Paráfrase do fragmento de John Barrow relativo ao Brasil].

_____. *Rio de Janeiro de antanho: impressões de viajantes estrangeiros.* São Paulo: Companhia Editora Nacional, 1942 [Paráfrase do fragmento de George Leonard Staunton relativo ao Brasil].

Edições mais acessíveis na língua original

BARROW; John. *A voyage to Cochinchina. With an introd. by Milton Osborne.* Oxford: University Press; Kuala Lumpur. 1975.

STAUNTON, George Leonard. *An Authentic Account of an Embassy from the King of Great Britain to the Emperor of China.* London: Adamant Media Corporation, 2001. 2v.

Fragmentos das narrativas

Os habitantes do Rio de Janeiro são muito ostentatórios no vestir. Quase todas as pessoas de distinção julgam que a espada é um complemento natural da sua imagem pública. Até mesmo as crianças não são dispensadas de usar essa espécie de arma ornamental. Os trajes das mulheres em muito se assemelham aos das senhoras da Europa, mas o mesmo não se pode dizer dos penteados. Os cabelos das mulheres deste lugar estão sempre presos e adornados com flores artificiais, contas e penas fantasticamente arranjadas; nas costas, eles caem em longas tranças, que são entrecruzadas com fitas coloridas e acabam num grande laço. Em geral, elas usam também um grande manto de seda, frouxamente preso, que cai para trás formando uma longa calda. Enquanto uma escrava carrega esta calda, a outra sustenta uma sombrinha que protege o rosto de sua ama contra os rigores do sol. Em geral, as mulheres do Brasil têm uma cor pálida, mas são dotadas de feições delicadas e de maneiras afáveis, o que eleva em muito os seus atrativos. (Aeneas Anderson)

*Ao pôr em ação um plano para distribuir, de uma maneira cômoda, por to-
dos os bairros da cidade, uma grande quantidade de água – artigo de primeira
necessidade em todos os países do mundo, sobretudo naqueles de clima quente –,
o governador mostrou uma louvável atenção para com os seus súditos. É, pois,
com justiça que o nome do vice-rei Vasconcelos, autor da proeza, encontra-se
numa inscrição latina gravada num dos lados do obelisco da praça principal.
Todas as fontes locais são abastecidas por um grande reservatório situado nas
proximidades da cidade. Esse reservatório, por sua vez, é abastecido por um
aqueduto sustentado sobre grandes arcos que cortam um vale muito profundo.
A água, proveniente das montanhas, é captada por uma série de canais feitos
de pedra e cobertos por abóbadas de tijolo. A parte dessa grande construção que
atravessa o vale é uma obra extremamente útil e funciona como um ornamento
para a cidade. Para erguer uma estrutura de tal porte, composta por pelo menos
quarenta arcos de grande envergadura, certamente muito dinheiro foi despendi-
do, dinheiro que poderia ter sido polpado caso se tivesse optado por um sistema
de canos rasteiros. Mas, como observa o senhor George Staunton, a decoração e
a magnificência são, tanto quanto a utilidade, os fins a que se propõem as obras
públicas.* (John Barrow)

*A cidade é grande e regular, mas, excetuando as igrejas e mosteiros – todos
magnificamente ornamentados –, muito mal construída. Há um número considerável de conventos na urbe, conventos de diferentes ordens. Os religiosos parecem gozar de uma reputação de santidade, embora alguns deles não tenham o
menor escrúpulo em cometer os piores crimes. É perigoso para um estrangeiro estar
no meio deles, a não ser que esteja familiarizado com seus costumes e abrace por
completo as suas opiniões.*
*Mergulhados na ociosidade e no deboche, os habitantes locais são hipócritas
e dissimulados. Não há nem sinceridade na sua conversação nem probidade nas
relações comerciais que estabelecem. Supersticiosos, ignorantes, ricos, preguiço-
sos, orgulhosos e cruéis, eles preferem, como a maioria dos povos meridionais, a
ostentação e o luxo aos prazeres da sociedade e da mesa. A indolência e a vaidade
é tão comum entre eles que, quando saem para visitas ou para passeios, jamais
vão a pé, mesmo se a distância é pequena. Nessas ocasiões, fazem-se sempre conduzir sobre os ombros de seus negros, no interior de uma espécie de liteira ricamente decorada. Não se conhece outro veículo na cidade e os cavalos são bastante
raros.* (Samuel Holmes)

As lojas do Rio de Janeiro estão repletas de tecidos de Manchester e de outras mercadorias inglesas, entre as quais se encontram até mesmo gravuras e caricaturas importadas de Londres. Um negociante português estabelecido na cidade, refletindo sobre as vantagens obtidas pelo país que exporta essas mercadorias, observou que a prosperidade de Portugal e de suas colônias se convertia, quase inteiramente, em proveito da Inglaterra. Mas esse proveito tem sido, sem dúvida, recíproco, pois tudo leva a crer, ao menos no Rio de Janeiro, que o país se encontra num estado florescente e os habitantes estão bem dispostos e satisfeitos: a maior parte da população mora em casas bem construídas, grandes e adequadas ao clima; as lojas e mercados acham-se repletos de mercadorias; o número de edifícios públicos e particulares aumenta de dia para dia; não falta trabalho para aqueles que o procuram; e, além do aqueduto e das fontes mencionadas, notam-se muitos outros embelezamentos na cidade, entre os quais alguns passeios públicos e um grande cais de granito construído em frente ao palácio. A propósito desse cais, o granito utilizado na sua edificação, extraído de uma pedreira das redondezas, é o mesmo utilizado para erguer a maior parte das moradias. (George Staunton)

Iconografia

Figura 22 – O aqueduto do Rio de Janeiro (1792).

Produzida pelo artista William Alexander, essa gravura colorida à mão (aquatint) representa os tipos sociais do Rio de Janeiro. Em primeiro plano, encontram-se os franciscanos; mais ao fundo os carregadores de liteira e potes de água, escravos ou livres. Destacam-se ainda os prédios e o grande Aqueduto da Carioca, tema de várias telas e gravuras posteriores. A vegetação tropical não podia escapar ao gosto pelo pitoresco do artista que emoldurou as construções, os arcos e as igrejas, com arbustos, palmeiras e bananeiras.

1793 – James Colnett

Notas sobre a viagem e o viajante

Sobre o inglês James Colnett (1755?-1806), que passou pela cidade do Rio de Janeiro na qualidade de capitão do *Rutter* – um navio baleeiro que rumava para os mares do Sul –, sabemos apenas que foi encarregado por Sua Majestade Britânica de investigar a existência, na região dos Galápagos, de zonas propícias para a pesca da baleia.

Colnett partiu de Portsmouth no início de 1793. A 10 de fevereiro, depois de passar pelas Canárias e pela ilha do Sal (Cabo Verde), a embarcação que capitaneava cruzou a linha do Equador. A 24 do mesmo mês, entrou na baía de Guanabara, aí permanecendo por pouco mais de uma semana

Obra

COLNETT, James. *A Voyage to the South Atlantic and round Cape Horn into the pacific Ocean, for the purpose of extending the Spermaceti Whale Fisheries, and other objects of commerce, by ascertaining the ports, bays, harbours, and anchoring births, in certain islands where the British merchants might be refitted. Undertaken and performed by Captain James Colnett, of the Royal Navy, in the ship Rattler.* London: printed for the author, by W. Bennett, 1798.

Edição em português

COLNETT, James. "A voyage to the south Atlantic and round cape Horn...". In: FRANÇA, Jean Marcel Carvalho. *Visões do Rio de Janeiro Colonial:* antologia de textos, 1531-1800. Rio de Janeiro: José Olympio, 1999, p.232-4 [Fragmento relativo ao Brasil].

Edição mais acessível na língua original

COLNETT, James. *A voyage to the South Atlantic and round Cape Horn into the Pacific Ocean.* Facsimile reprint of the 1798 original. Amsterdam: N. Israel 1968.

Fragmento da narrativa

Em geral, quando um navio se aproxima da embocadura do Rio de Janeiro, um oficial vem a bordo, assume o comando, reboca a embarcação para o porto e a atraca em um lugar seguro. Por vezes, como ocorreu conosco, o tenente do navio visitante é convidado a ir à terra prestar alguns esclarecimentos. Nesse meio tempo, ninguém, nem mesmo o capitão, pode sair do navio sem autorização, nem pode ser realizada qualquer transação comercial. O barco é visitado por alguns oficiais de polícia que inquirem sobre o estado de saúde da tripulação, a razão da visita, o destino da embarcação, os motivos da viagem e a previsão de permanência no porto. Quanto ao tenente, ao desembarcar para ser interrogado, ele apresenta ao vice-rei a sua declaração e a declaração do oficial comandante. É somente depois dessa autoridade ter dado a sua permissão que se pode levar a cabo as transações comerciais entre o navio e a cidade. O capitão e os oficiais da embarcação visitante devem, ainda, assinar um documento declarando que tanto eles como o restante da tripulação respeitarão as leis vigentes no país enquanto aí estiverem.

Iconografia

Não há.

1796 – Missionários ingleses dos mares do Sul (George Vason e James Wilson)

Notas sobre a viagem e os viajantes

Em 1795, alguns pregadores ingleses, contemplando a possibilidade de converter os muitos *gentios* das ilhas do Pacífico, decidiram criar a London Missionary Society. O propósito dessa instituição era estabelecer uma missão evangelizadora em Otaheite (Taiti), pois aí, diziam os missionários, havia *sociedades inteiras de homens e mulheres vivendo promiscuamente*.

Com o intuito de viabilizar o projeto, a LMS despendeu mais de um ano recolhendo fundos e selecionando voluntários. Finalmente, em abril de 1796, os empenhados pregadores conseguiram equipar um navio, o *Duff,* e reunir um grupo de trinta seletos missionários. Quatro meses mais tarde (25 de agosto de 1796), a embarcação partia de Portsmouth em direção ao longínquo Pacífico. Depois de deixar para trás a Madeira, as Canárias e Cabo Verde, o navio, a 12 de novembro, entrou na Baía de Guanabara.

Da curta estada dos evangelizadores no Rio de Janeiro (oito dias) restaram duas descrições. Uma é assinada pelo capitão do *Duff,* o londrino James Wilson (1760-1814); a outra pertence a um dos missionários envolvidos na empresa catequizadora, George Veeson, ou Vason.

Obras

VASON, George. *An authentic narra tive of four years' residence at Tongataboo, one of the Friendly islands, in the South-sea, by——who went thither in the Duff, under Captain Wilson, in 1796. With an appendix, by an eminent writer.* London: Longman and Orme, 1810.

WILSON, James. *A Missionary Voyage to the Southern Pacific Ocean, performed in the years 1796, 1797, 1798, in the Ship Duff, commanded by Captain James Wilson. Compiled from Journals of the officers and the missionaries; and illustrated with Maps, Charts and Views, Drawn by Mr. William Wilson, and engraved by the most eminent Artists. With a Preliminary Discour-*

se on the Geography and History of the South Sea Islands; and an Appendix, including details never before published, of the Natural and civil state of Otaheite; by a committee appointed for the purpose by the directors of the Missionary Society. London: T. Chapman, 1799.

Edição em português

VASON, George. "An authentic narrative of four years' residence at Tongataboo, one of the Friendly islands...". In: FRANÇA, Jean Marcel Carvalho. *Visões do Rio de Janeiro Colonial:* antologia de textos, 1531-1800. Rio de Janeiro: José Olympio, 1999, p.235-40 [Fragmento relativo ao Brasil].

WILSON, James. "A missionary voyage to the southern Pacific ocean, performed in the years 1796...". In: FRANÇA, Jean Marcel Carvalho. *Visões do Rio de Janeiro Colonial:* antologia de textos, 1531-1800. Rio de Janeiro: José Olympio, 1999, p.240-4 [Fragmento relativo ao Brasil].

Edição mais acessível na língua original

WILSON, James. *James Wilson, 1797: a missionary voyage to the southern Pacific Ocean in the ship Duff & Otaheitean journals. Te tere mitionare na te moana Patitifa na nia ia Tarapu & Aamu no Tahiti nei.* Papeete, Tahiti: Editions Haere Po no Tahiti, 1997.

Fragmentos das narrativas

Nas nossas perambulações pelo Rio de Janeiro, vimos muitas freiras que, por detrás das grades dos conventos, pediam donativos aos passantes. O papismo desse lugar nada fica a dever àquele da Espanha e de Portugal. Aqui como lá, os habitantes parecem estar mergulhados na mais profunda ignorância. Há imagens de santos em todas as ruas e todos aqueles que por elas passam param e ajoelham-se, não importando o quanto de peso tragam nas mãos. Um dia, camihávamos pela rua, quando o relógio de Santa Maria bateu seis horas. Observa-

mos que os passantes imediatamente pararam e ajoelharam-se rapidamente. Se esse ritual repete-se em todas as horas do dia, não conseguimos apurar. A superstição que caracteriza os habitantes do Rio de Janeiro é extensiva às crianças. Tivemos oportunidade de assistir a uma cena bastante representativa desse fato: alguns rapazes, com idades compreendidas entre os oito e os dez anos, preparavam-se para tomar banho num rio; antes, porém, de mergulharem, os jovens ajoelharam-se, molharam as mãos na água e fizeram o sinal da cruz. Tudo estaria bem, se a generalidade dos habitantes, que utilizam tais encantos como uma forma de proteção contra o perigo, não endereçassem essas fingidas manifestações de devoção ao Senhor Deus, clamando pela sua proteção e dando graças pela sua misericórdia. Infelizmente, a religião para esse povo não passa de uma cerimônia, de uma festa. Acusação que pode ser feita a bem pouco daqueles que professam a pura e reformada religião instituída em nossa Ilha.

Os rituais católicos, com toda a sua pompa, nada ensinaram aos habitantes do Rio de Janeiro sobre a caridade para com os seus semelhantes. Durante a nossa estada na cidade, entrou no porto um navio carregado de crianças negras, todas nuas, as quais foram despejadas numa pequena ilha próxima da cidade. Ignorando o seu cruel destino, essas crianças brincavam alegremente, enquanto os negros mais crescidos eram colocados à venda. Esses, nus e expostos como gado, tinham de se sujeitar aos exames mais cruéis por parte dos compradores. Os negros se entreolhavam e, com um misto de tristeza, indignação e desespero, miravam o grupo que se divertia ali ao lado. (George Vason)

Os habitantes são uma mistura de portugueses, mulatos e negros. Na cidade e arredores o seu número não excede os duzentos mil. As igrejas, os monastérios, os conventos, o palácio do vice-rei, o hospital e algumas poucas casas particulares têm uma boa aparência. As ruas são estreitas, mas retas e dispostas simetricamente. Em todas as janelas e balcões das casas, vêm-se umas gelosias feitas de varas trançadas, que são mantidas fechadas durante todo o dia. Um estrangeiro que caminhe pela rua nesse horário, ao ver as crianças e as mulheres espreitarem pelas grades, tem a nítida sensação de que as casas são habitadas por prisioneiros. (James Wilson)

Iconografia

Figura 23 – Porto do Rio de Janeiro e o mosteiro de São Bento (1796).

A única gravura do livro de James Wilson é uma tomada das águas da baía para o Mosteiro de São Bento. De modo geral, à época, a cidade do Rio de Janeiro era retratada em toda sua extensão, do Pão de Açúcar a São Cristóvão. Nessa gravura, porém, o artista pretende retratar o desembarque dos tripulantes do navio *Duff*. As altas montanhas e a construção religiosa servem de cenário para duas embarcações menores. Na primeira, mais próxima do navio, destacam-se os remadores. Na segunda, além de negros remadores, há três bois ou vacas e um casal na proa. Os pormenores do cotidiano na baía não eram muito retratados nessa época, mas se tornariam frequentes nos anos vindouros. As representações da cidade deixaram, aos poucos, de atuar como mapas e se tornaram suporte nos quais se registravam os costumes locais. Enfim, na virada do século XVIII para o XIX, nas gravuras e telas, o tema da urbe, seus traçados e prédios, é paulatinamente substituído pela *civitas*, os habitantes e suas tradições.

1797 – Jean-François de Galaup la Pérouse

Notas sobre a viagem e o viajante

A viagem empreendida, a mando de Luis XVI, pelo conde La Pérouse ao Pacífico, entre outras coisas, uma viagem de descoberta, deveria procurar uma passagem na costa americana entre os dois oceanos. O navegador, ainda que não tenha *encontrado* a cobiçada passagem, teve êxito em sua expedição exploratória até a altura da Ilha de Vanikoro, na Papua-Nova Guiné, onde, depois do naufrágio dos dois navios da frota, *Astrolabe* e *Boussole*, os tripulantes, o conde inclusive, foram dizimados pelos nativos da região.

A passagem pela costa brasileira, nomeadamente pela ilha de Santa Catarina, deu-se em outubro de 1785, dois meses depois de os seus navios terem deixado Breste a caminho dos mares do Sul.

Obra

LA PÉROUSE, Jean-François de Galaup. *Voyage de La Perouse autour du monde, publie conformement au decret du 22 avril 1791, et redigé par M.L.A. Milet-Mureau.* Paris: Imprimerie de la République na V, 1797.

Edições em português

LA PÉROUSE, Jean-François de Galaup. In: HARO, Martim Afonso Palma de (Org.). *Ilha de Santa Catarina. Relatos de viajantes estrangeiros nos séculos XVIII e XIX.* Florianópolis: Lunardelli, 1996, p.109-17 [Fragmento relativo ao Brasil].

TAUNAY, Afonso de Escragnolle. "Santa Catharina nos annos primevos". São Paulo: *Diário Oficial*, 1931, p.63-88 [Paráfrase do fragmento de Jean-François de Galaup La Pérouse relativo ao Brasil].

Edição mais acessível na língua original

LA PÉROUSE, Jean-François de Galaup. *Voyage de la perouse autour du monde pendant les annees 1785-1788*. Paris: Phenix Editions, 2004. 4v.

Fragmento da narrativa

Dei preferência à Ilha de Santa Catarina sobre o Rio de Janeiro, para evitar as formalidades das grandes cidades, que ocasionam sempre uma perda de tempo; mas a experiência ensinou-me que esta parada reunia muitas outras vantagens. Víveres de todas as espécies haviam na maior abundância, um boi grande custava 8 piastras; um porco pesando 150 libras custava 4; tinha-se 2 perus por uma piastra; bastava unicamente lançar a linha para retirá-la cheia de peixe; levavam para bordo e nos vendiam 500 laranjas por menos de meia piastra e os legumes eram também de preço muito moderado.

O fato seguinte dará uma idéia da hospitalidade deste bom povo. Minha canoa tinha sido emborcada por uma onda, numa enseada, onde tinha ido cortar madeira; as pessoas da redondeza ajudaram a salvá-la das ondas, fazendo questão que nossos homens naufragados se metessem em seus leitos, deitando-se sobre esteiras no chão, no meio do quarto onde se esmeravam em hospitalidades. Poucos dias após, levaram a bordo do navio as velas, os mastros, a ancoreta e a bandeira da canoa, objetos muito preciosos para eles e que seriam de grande utilidade em suas pirogas. Seus costumes são delicados; eles são bons, polidos, serviçais, mas supersticiosos e ciumentos de suas mulheres, as quais jamais aparecem em público.

Iconografia

Não há.

1797-1798 – James George Semple Lisle

Notas sobre a viagem e o viajante

O inglês James Semple Lisle (1759-1799?) teve uma vida plena de aventuras. Nascido no seio de uma família nobre, o rapaz muito cedo (16 anos) abraçou a carreira das armas. Depois de lutar na guerra de independência dos Estados Unidos, onde caiu prisioneiro, retomou à Inglaterra, abandonou a carreira militar e, em 1778, mudou-se para Bruxelas. De volta à Inglaterra, em 1794, o *bon vivant* não demora a fazer-se perseguido pelos credores e pela polícia.

Em 1795, é detido, julgado pelo crime de falsificação de firmas e condenado a cumprir sete anos em Port Jackson, na Nova Gales do Sul (Austrália). Após aguardar meses na prisão de Newgate, Lisle e um numeroso grupo de outros condenados embarcaram no *Lady Shore* rumo aos mares do Sul em fevereiro de 1797. Nas imediações do Rio de Janeiro, eclodiu uma conspiração a bordo e Lisle, contrariamente ao esperado de um homem em sua delicada posição, tomou partido da oficialidade.

O *herói* e mais 29 companheiros de infortúnio foram, então, deixados, em um pequeno barco, nas proximidades do Rio Grande. Depois de dois dias de navegação, as vítimas chegaram ao porto de São Pedra, onde foram bastante bem acolhidos pelo governador Sebastião Xavier da Veiga Cabral. Do Rio Grande, Lisle, desejoso de voltar à sua terra, partiu em direção à cidade do Rio de Janeiro, onde desembarcou em 18 de novembro de 1797, usufruindo da hospitalidade dos cariocas por quase três meses.

Obra

LISLE, James George Semple. *The Life of major J.G. Semple Lisle: containing a faithful narrative of his alternate vicissitudes of splendor and misfortune, written by himself. The whole interspersed with interesting anecdotes, and authentic accounts of important public transactions...* London: W. Stewart, 1800.

Edições em português

LISLE, James George Semple. "The Life of Major J.G. Semple Lisle...". In: HARO, Martim Afonso Palma de (Org.). *Ilha de Santa Catarina. Relatos de viajantes estrangeiros nos séculos XVIII e XIX*. Florianópolis: Lunardelli, 1996, p.119-27 [Fragmento relativo ao Brasil].
_____. "The Life of Major J.G. Semple Lisle...". In: FRANÇA, Jean Marcel Carvalho. *Visões do Rio de Janeiro Colonial*: antologia de textos, 1531-1800. Rio de Janeiro: José Olympio, 1999, p.245-52 [Fragmento relativo ao Brasil].
TAUNAY, Afonso de Escragnolle. *Visitantes no Brasil Colonial (séculos XVI-XVIII)*. São Paulo: Nacional, 1933 [Paráfrase do fragmento de James George Semple Lisle relativo ao Brasil].

Edição mais acessível na língua original

Não há.

Fragmento da narrativa

O comércio intenso trouxe considerável fortuna para alguns habitantes locais. Na verdade, a cidade como um todo tem um ar de abundância. Embora os divertimentos estejam basicamente confinados à ópera – há na cidade um pequeno teatro para esse fim –, as reuniões particulares são muito animadas. As pessoas daqui não são tão hospitaleiras como as do Rio Grande, mas não são sisudas e tratam os seus negros bastante bem; muitos deles, depois de alguns anos de trabalho, conseguem comprar a sua liberdade.

As mulheres locais não são exemplos de castidade. A esse propósito, vale assinalar que algumas cortesãs cobram, pelos seus serviços, preços exorbitantes. Entre as singularidades do lugar, destaca-se o hábito de tomar, com exagerada freqüência, banhos mornos. Se tal vício contribui para o aparecimento de alguma doença em particular, deixo para os físicos opinarem. Uma coisa é certa, é muito comum, nessas plagas, encontrar indivíduos com as pernas extremamente inchadas e muitos portadores de elefantíase. Ambos os males provocam, de tem-

pos em tempos, violentas dores e freqüentemente atingem os joelhos. [Fragmento relativo ao Rio de Janeiro.]

Iconografia

Não há.

1800 – John Turnbull

Notas sobre a viagem e o viajante

O comerciante inglês John Turnbull aportou na Baía de Todos os Santos em agosto de 1800 e aí permaneceu, como era habitual, por pouco tempo: quatro ou cinco dias somente. Infelizmente, pouco conseguimos apurar sobre esse visitante. Em sua narrativa, Turnbull apresenta-se como um agente comercial inglês que, com autorização da Companhia das Índias Orientais, em maio de 1800 deixou o porto de Portsmouth, a bordo de um navio de nome *Margaret,* com destino ao Oriente e acabou por realizar uma viagem de circunavegação.

Obra

TURNBULL, John. *Voyage round the world, in the years 1800, 1801, 1802, 1803, and 1804; in which the author visited the Principal islands in the Pacific ocean, and the English settlements of port Jackson and Norfolk Island.* Philadelphia: Published by Benjamin and Thomas Kite, 1810.

Edição em português

TURNBULL, John. "Voyage round the world, in the years 1800..." In: *História.* São Paulo: Editora da Fundação Unesp, v.22, n.2, 2003, p.229-40 [Fragmento relativo ao Brasil].

Edição mais acessível na língua original

Não há.

Fragmento da narrativa

Com grande dificuldade, conseguimos um assento na igreja principal. Meus olhos e os do capitão, de quando em quando, desviavam-se do padre para uma Santa Virgem todo ornada de ouro e pedrarias, que trazia uma imagem do príncipe do Brasil elegantemente vestido na sua mão direita – talvez dando com isso a entender que o príncipe era um de seus mais destacados campeões e defensores – e ocupava um lugar de destaque na igreja. O pregador era o bispo da província, o segundo homem nesta parte do Brasil. O sermão, pelo que pude compreender através do meu intérprete, era eloqüente, tanto mais, quiçá, em virtude de o bispo ter consciência de sua alta posição social e das suas veneráveis funções. Ele dirigia-se sobretudo aos grandes, atacando com violência os seus vícios e as suas impiedades, num estilo vigoroso e livre, que um pregador mais humilde dificilmente adotaria.

Encerrada a cerimônia religiosa, a imagem da santa senhora, com seu assistente, o príncipe, foi levada em procissão pelas ruas da cidade, ao longo das quais era saldada por muitas senhoras que, adornadas com grinaldas e contas nas suas cabeças, se encontravam nas janelas e balcões das casas. Um espetáculo teatral em nenhum sentido desagradável, se aceitarmos que o entusiasmo por uma religião equivocada serve de desculpa para tais erros.

Iconografia

Não há.

1800 – Jean-François Landolphe

Notas sobre a viagem e o viajante

Jean-François Landolphe nasceu em Auxonne, em fevereiro de 1747, e morreu em Paris, em julho de 1825. Com pouca idade, embarcou em um navio mercante como grumete e fez diversas viagens às Antilhas e à costa ocidental da África, recebendo, em 1775, o comando de um navio de longo curso. Da Marinha Mercante, o capitão migrou para a Armada Real e, na qualidade de tenente, aí serviu durante vários anos.

A passagem desse navegador pelo Rio de Janeiro deu-se em agosto de 1800, quando capitaneava uma pequena frota, encarregada pela coroa francesa de capturar, saquear e pôr a pique o maior número possível de navios mercantes das coroas britânicas e portuguesas. O francês começou a sua missão de corso pelas Antilhas (ilhas Caiena e Guadalupe), deslocando-se posteriormente para o litoral africano. Daí, rumou para a costa brasileira e instalou-se nas proximidades da Baía de Guanabara. Para sua infelicidade, porém, o porto carioca encontrava-se muito bem guardado por alguns navios de Sua Majestade Britânica.

Obra

LANDOLPHE. *Mémoires du Capitaine Landolphe, contenant l'histoire de ses voyages pendant trente-six ans, aux côtes d'Afrique et aux deux Ameriques; redigés sur son manuscrit, Par J.S. Quesné. Orné de trois gravures.* Paris: Arthur Bertrand et Pillet Ainé, Tome premier, 1823. v.2.

Edição em português

LANDOLPHE, Jean-François. "Mémoires du capitaine Landolphe, contenant l'histoire de ses voyages pendant trente-six ans...". In: FRANÇA, Jean Marcel Carvalho. *Visões do Rio de Janeiro Colonial:* antologia de textos, 1531-1800. Rio de Janeiro: José Olympio, 1999, p.253-9 [Fragmento relativo ao Brasil].

Edição mais acessível na língua original

Não há.

Fragmento da narrativa

Um belíssimo carro, puxado por três mulas, conduziu-nos até uma vasta planície, no meio da qual havia um grande edifício. Como eu parecia estar bastante espantado, o filho do príncipe olhou-me nos olhos e disse-me com extrema delicadeza: Não tenhais medo, gozamos aqui de total segurança. A tropa que vedes está sob minhas ordens, pois detenho o comando geral da cavalaria do Brasil.

Minha surpresa não diminuiu, porque não podia crer que uma função tão elevada e importante estivesse entregue nas mãos de um homem que não contava com mais de vinte e dois anos. Talvez os seus estudos suprissem a sua falta de experiência, já que o rapaz era versado em física, geometria e geografia, além de falar muito bem tanto o inglês como o francês.

Introduzido no recinto do templo, escutei com prazer o discurso do venerável. Contudo, o meu espanto chegou ao máximo quando observei que, no interior da loja, entre os primeiros chefes militares e administradores da colônia, se encontravam as mais altas dignidades da igreja, tais como bispos e arcebispos. Um magnífico banquete pôs fim aos trabalhos.

O príncipe, ao reconduzir-me à casa, quis saber a minha opinião sobre o brilhante evento. Confessei ter achado tudo admirável e declarei jamais ter ido a uma assembléia tão séria e digna de respeito.

Iconografia

Não há.

1802-1803 – Thomas Lindley

Notas sobre a viagem e o viajante

Poucas são as informações que conseguimos obter sobre o capitão de navio e comerciante inglês Thomas Lindley. Pelo que conta a sua narrativa e outros documentos coetâneos, o navio do inglês vinha da Cidade do Cabo, carregado de mercadorias e em péssimo estado, e deu no porto soteropolitano, em abril de 1802, sem dinheiro para consertos e sem autorização para comerciar a sua carga. Não se sabe muito bem como, pouco tempo depois de arribar na Bahia, o comerciante, com o navio totalmente refeito e mais leve, partiu de Salvador e, empolgado com as facilidades que encontrara no litoral brasileiro, resolveu passar por Porto Seguro e adquirir, em troca do restante das mercadorias de que dispunha, uma carga contrabandeada de pau-brasil.

Antes, porém, que pudesse ganhar o mar, a embarcação de Lindley foi delatada e, depois de algumas diligências, interceptada pelo desembargador Cláudio José Pereira da Costa. Levado para Salvador e condenado por contrabando, o inglês amargou um ano de detenção em solo soteropolitano, um ano pormenorizadamente descrito em seu diário.

Obra

THOMAS, Lindley. *Narrative of a voyage to Brasil; terminating in the seizure of a British vessel; with general sketches of the country, its natural productions, colonial inhabitants, &c.* London: J. Johnson, 1805.

Edição em português

THOMAS, Lindley. *Narrativa de uma viagem ao Brasil por Thomas Lindley.* Trad. Thomas Newlands Neto. Prefácio de Wanderley Pinho. Notas e revisão de Americo Jacobina Lacombe. Sao Paulo: Companhia Editora Nacional, 1969.

Edição mais acessível na língua original

Não há

Fragmento da narrativa

A cidade da Bahia fica do lado direito do golfo, e a terra, a pequena distância da praia, ergue-se abruptamente, formando uma elevada cercadura de mon-

tanhas, no alto das quais a cidade está construída, com exceção de uma única rua, que corre paralela à praia. A desigualdade do terreno e a intromissão das lavouras fazem com que a cidade ocupe um espaço considerável. As construções datam principalmente do século XVII, sendo mal feitas, e, devido à fragilidade dos materiais empregados, estragam-se ràpidamente, o que reduziu a aparência de muitas, outrora suntuosas. Como em tôdas as cidades católicas, as igrejas são os edifícios de mais relevo, e aquêles aos quais foram dispensados o máximo cuidado e os maiores gastos. A catedral é grande, mas acha-se em ruínas, ao passo que o colégio e o palácio arquiepispocal (ou melhor, casa), contíguos, encontram-se em perfeito estado de conservação.

... O colégio e a comunidade adjacente, que foram os maiores e mais bem dotados de recursos no Brasil, tendo permanecido inteiramente desocupados durante os últimos quarenta anos, foram recentemente convertidos num amplo hospital. A valiosa biblioteca perdeu-se quase totalmente para a humanidade, achando-se os livros e manuscritos amontoados num quarto abandonado, quase em estado de ruína. Não obstante o visível descaso pela ciência, êsses modernos godos desconfiam dos estrangeiros que se aproximam do local. Os mais valiosos manuscritos são os que contêm as descobertas, não-publicadas, feitas no interior da América pelos padres, que penetraram mais além, como ninguém, pelo interior adentro.

A igreja e o convento dos franciscanos são vastos edifícios. Este tem dois pavimentos, e os aposentos dos frades abrem-se para espaçosos corredores, que dão frente para um grande claustro quadrado, com uma fonte ao centro, e cujos lados são decorados com azulejos divididos em seções históricas, nos quais se mesclam, curiosamente, passagens da mitologia pagã e da história cristã.

Existe ao lado uma fundação à parte, para os terceiros franciscanos, pessoas que tendo vivido em pleno século, podem escolher, mais tarde, o retiro religioso. Êsse edifício possui curiosa fachada de relêvo, distinguindo-se pelo seu bem arranjado cemitério, com suas filas de pequenos nichos em arco, de três filas de fundo, cada qual destinado a conter um esquife, fechando-se quando recebe um caixão. Os nichos são numerados e caiados, sendo suas arcadas ornadas de côres vivas. Entre as filas há uma larga aléia, pavimentada de mármore prêto e branco, e, na extremidade desta, uma figura vestida, representando a Religião.

... A igreja dos carmelitas é mais moderna e ornamentada de maneira mais elegante que a dos franciscanos, e o convento anexo é imensamente rico. Os edifícios pertencentes aos beneditinos são inferiores aos das demais ordens, já mencionadas, embora seus rendimentos sejam iguais aos das outras.

Entre as igrejas paroquiais, as da Conceição, Pilar e S. Pedro são as mais notáveis da cidade; e as de Santo Antônio e Vitória, próximas da barra, erguem-se em sítios eminentes que constituem excelentes pontos de referência, vistas do mar. Além dessas, existem várias outras igrejas, bem como um sem-número de capelas, mosteiros e conventos, todos apresentando a mesma sobrecarga enfadonha de ornatos, mau gôsto e excesso de supertição.

As praças principais são a que fica imediatamente em frente do palácio e a dos jesuítas.

As ruas são apertadas, estreitas, miseràvelmente pavimentadas, nunca estão limpas, apresentando-se sempre repugnantemente imundas. Os fundos de várias delas são depósitos de lixo que, exposto a tão intenso calor, afetaria seriamente a saúde dos habitantes, se não fôssem os ares salubres, em conseqüência da situação elevada do lugar.

Na praça real está a casa (ou palácio) do governador, edifício velho e insignificante; em frente a ela acham-se a Casa da Moeda e as repartições públicas. No terceiro lado da praça fica o Tribunal da Relação e no restante a sede do Senado e a Cadeia, vasta construção cujo andar inferior é excepcionalmente forte e seguro, com duas séries de janelas, duas séries de barras redondas de pesado ferro, distanciadas dezoito polegadas uma da outra. Penetra-se nesses cárceres por uma sala gradeada, no andar superior, através de alçapões.

... A prisão raramente contém menos de duzentas pessoas, a maior parte encarcerada por delitos contra a sociedade; os prisioneiros restantes são escravos fugidos, ou vítimas do Estado, com freqüência nela jogados pelos mais insignificantes pretextos.

Um pequeno hospital fica ao lado da prisão; mas, devido ao calor, à situação confinada do edifício, à falta de livre circulação do ar e ao total desleixo em matéria de limpeza, dêle saem mais de cem enterros por ano. O fornecimento de água à prisão é feito por escravos detentos, que usam gargalheiras de ferro, por meio das quais uma corrente os prende uns aos outros. A água é transportada em pequenos barris, de um lugar a certa distância, sendo o único artigo fornecido na prisão. O sustento dos prisioneiros é feito às próprias custas, ou de uma sociedade religiosa, a Misericórdia [Miserecordia], que pede esmolas por todos os cantos da cidade e distribui, gratuitamente, cada dia, farinha, sopa e outras provisões aos presos mais miseráveis.

A Alfândega e os molhes ficam na praia, onde também está situado o estaleiro. Nas suas proximidades, erguem-se os armazéns da marinha mercante e seus escritórios, com a casa do intendente ou capitão do pôrto.

Alguns membros das classes elevadas, não em grande número, construíram grandes e elegantes mansões (principalmente nos arredores da cidade), mobiliando-as adequadamente... .

Iconografia

Não há.

1803 – James Kingston Tuckey

Notas sobre a viagem e o viajante

O oficial da Marinha britânica e explorador James Tuckey nasceu na cidade de Greenhill, no condado de Cork, em 1776, e morreu próximo a Moanda, no atual Congo, quarenta anos mais tarde. A sua primeira viagem pela Royal Navy deu-se a bordo do navio *Suffolk*, que rumava para as Índias Ocidentais. Em 1799, Tuckey é transferido para a fragata *Fox* e segue para Madras, onde participa dos combates contra as tropas francesas. Seu retorno à Inglaterra dá-se em 1800, retorno imposto por uma séria doença hepática que contraíra em Bombai, na Índia.

Em 1802, temporariamente recuperado de seus males, Tuckey é designado como primeiro-tenente do navio *Calcutta*, que partia para a Nova Gales do Sul com a incumbência de fundar uma colônia em Port Phillip. A embarcação zarpou do porto de Portsmouth a 8 de abril de 1803, lançando âncora em Santa Cruz de Tenerife no dia 17 de maio. Daí rumaram para Cabo Verde (Ilha do Sal e Santiago) e, no início de junho, iniciaram a travessia do Atlântico. No dia 29, o *Calcutta* lançou âncora na Baía de Guanabara. A embarcação permaneceu vinte dias ancorada no porto carioca.

Obra

TUCKEY, J. H. *An account of a Voyage to establish a colony at Port Philip in Bass's strait, on the South Coast of New South Wales, in His Majesty's ship*

198   *Jean Marcel Carvalho França e Ronald Raminelli*

Calcutta, in the years 1802-3-4, by J. H. Tuckey, Esq. first lieutenant of the Calcutta. London: Longman, Hurst, Rees..., 1805.

Edição em português

TUCKEY, James Kingston. "An Account of a Voyage to Establish a Colony at Port Philip in Bass's Strait...". In: FRANÇA, Jean Marcel Carvalho. *Outras visões* do *Brasil Colonial:* antologia de textos (1582-1808). Rio de Janeiro: José Olympio, 2000, p.258-86 [Fragmento relativo ao Brasil].

Edição mais acessível na língua original

TUCKEY, James Kingston. *Memoir of a chart of Port Philip [i.e. Phillip]: surveyed in October 1803 / by James Tuckey.* Edited with an introduction and commentary by John Currey. Melbourne: Colony Press, 1987.

Fragmento da narrativa

A cidade do Rio de Janeiro é inteiramente construída de granito, o qual, juntamente com uma espécie de mármore branco e preto, parece ser a única pedra encontrada nessas plagas. Vista da baía, a cidade não é deselegante. A boa impressão, contudo, desvanece à medida que nos aproximamos. As ruas, apesar de retas e regulares, são sujas e estreitas, estreitas ao ponto de o balcão de uma casa quase encontrar-se com o da casa em frente. As casas, a propósito, têm comumente dois andares altos e independentes do térreo. Esse é ocupado por uma loja ou por uma adega, em geral, muita suja, quente e insalubre. A escada que dá acesso aos andares superiores é inclinada e desprovida de luminosidade. O interior revela que a distribuição dos cômodos não levou em consideração nem a livre circulação do ar nem a beleza da perspectiva. A mobília aí encontrada, ainda que suntuosa, ofende os olhos acostumados à simplicidade elegante, pois peca pelo excesso de enfeites. Por todo lado, nas paredes e nos forros, as aranhas tecem as suas teias e, em segurança, executam os seus negócios sanguinários. A residência dos ricos conta com janelas envidraçadas, o que só contribui para intensificar a luz solar e tornar o calor insuportável. Na maioria das casas, porém, as vene-

zianas são de treliça. Escondidas atrás de tais proteções, as mulheres, ao entardecer, reúnem-se para desfrutar da brisa, que nem sempre é muito aromática.

Iconografia

Não há.

1803 – Uma expedição russa ao Pacífico (Adam Johann von Krusenstern, Urey Lisiansky e Georg Heinrich von Langsdorff)

Notas sobre a viagem e o viajante

Em 1802, o czar da Rússia, Alexander I, decidiu equipar uma expedição naval com o intuito de executar uma ousada missão: explorar a região do Pacífico norte, estabelecer relações diplomáticas com o Japão, estreitar relações comerciais com a América do Sul e explorar a região da Califórnia. Desprovido de navios que pudessem realizar tão longa e difícil viagem, o governo russo enviou à Inglaterra o capitão Urey Lisiansky, que adquiriu dos britânicos duas embarcações capazes de suportar as exigências da empreitada.

Em 7 de agosto de 1803, as embarcações, *Nadeshda* e *Neva*, uma capitaneada pelo próprio Lisiansky e a outra pelo comandante da expedição, o capitão Adam Johann von Krusenstern, partiram de Kronshtadt, no golfo da Finlândia, levando a bordo o futuro embaixador russo no Japão, o barão Nikolai Rezanov, e diversos cientistas alemães, entre os quais os naturalistas Wilhelm Gottlieb von Tilesius von Tilenau e Georg-Henrich von Langsdorff – que iriam conhecer certa notoriedade depois da viagem.

De Kronshtadt, as embarcações rumaram para as Ilhas Canárias e daí para o litoral brasileiro, com o intuito de, posteriormente, dobrar o Estreito de Magalhães. Em dezembro de 1803, o *Nadeshda* e o *Neva* deram no porto de Santa Catarina. Da visita, que durou até fevereiro de 1804, resultaram três relatos: o de Krusenstern, o de Lisiansky e o de Langsdorff.

Obras

KRUSENSTERN, Adam J. von. *Reise um die Welt in den Jahren 1803, 1804, 1805 und 1806 auf befehl Seiner Kaiserlichen Majestät Alexander des Ersten auf den Schiffen Nadeshda und Newa unter dem Commando des Capitains von der Kaiserlichen Marine A.J. von Krusenstern.* San Petesburg: Gedruckt in der Schnoorschen Buchdruckerey, 1810.

LANGSDORFF, Georg Heinrich von. *Voyage and travel in various parts of the World during the years 1803, 1804, 1805, 1806, and 1807. By G. Von Langsdorff, aulic counsellor of his Magesty the Emperor of Russia, Consul general at the Brazils, Knight of the order of St. Anne, and member of various academies and learned societies.* London: H. Colburn, 1813. 2v.

LISIANSKY, Urey. *A voyage round the World, in the years 1803, 4, 5, & 6; performed, by order of His Imperial Majesty Alexander the First, Emperor of Russia, in the Ship Neva by Urey Lisiansky, Captain in the Russian Navy, and Knight of the orders of St. George and St. Vladimir.* London: S. Hamilton, 1814.

Edições em português

KRUSENSTERN, Adam Johann von. "Reise um die welt in den jahren 1803, 1804, 1805 und 1806 auf befehl seiner kaiserl. majestat Alexanders des ersten...". In: HARO, Martim Afonso Palma de (Org.). *Ilha de Santa Catarina. Relatos de viajantes estrangeiros nos séculos XVIII e XIX.* Florianópolis: Lunardelli, 1996, p.129-49 [Fragmento relativo ao Brasil].

LISIANSKY, Urey. "A voyage round the world, in the years 1803, 4, 5, & 6". In: HARO, Martim Afonso Palma de (Org.). *Ilha de Santa Catarina. Relatos de viajantes estrangeiros nos séculos XVIII e XIX.* Florianópolis: Lunardelli, 1996, p.129-49 [Fragmento relativo ao Brasil]

LANGSDORFF, Georg Heinrich von. "Voyages and travels in various parts of the world, during the years 1803, 1804, 1805, 1806, and 1807". In: HARO, Martim Afonso Palma de (Org.). *Ilha de Santa Catarina. Relatos de viajantes estrangeiros nos séculos XVIII e XIX.* Florianópolis: Lunardelli, 1996, p.157-85 [Fragmento relativo ao Brasil]

TAUNAY, Afonso de Escragnolle. "Santa Catharina nos annos primevos". São Paulo: *Diário Oficial*, 1931, p.89-100 [Paráfrase do fragmento de Adam Johann von Krusenstern relativo ao Brasil].

Edição mais acessível na língua original

KRUSENSTERN, Adam Johann von. *Reise um die Welt*. Leipzig: Brockhaus, 1988.

Fragmento da narrativa

A cidade, que está situada em local muito agradável, consiste de cerca de 100 casas mal construídas, e é habitada por 2.000 ou 3.000 portugueses pobres e escravos negros. A casa do Governador e o quartel são as únicas construções que se distinguem, por sua aparência, das outras. Eles estavam, nessa época, construindo uma igreja, que em muitos países católicos é considerada muito mais importante do que hospitais ou outras edificações úteis. Eu fiquei muito surpreendido ao ver numa noite por volta das dez horas, quando me dirigia para bordo, diversos escravos negros de ambos os sexos carregando pedras para aquele propósito; mas minha admiração diminuiu um pouco, quando considerei que a recompensa por esse zelo religioso pertencia menos a eles do que aos seus senhores.

O governo de Dom José de Carrado se estende desde Rio Grande, aos 39 graus de latitude sul e 54 graus de longitude oeste, até as colônias de São Paulo, aos 23 graus, 33 minutos e 10 segundos de latitude sul e 46 graus, 39 minutos e 10 segundos de longitude oeste. (Adam Johann von Krusenstern)

O verde luxuriante e a rica fertilidade desta ilha favorecida formam um singular contraste com o elemento circunvizinho. Observam-se por toda a costa laranjeiras e limoeiros, montanhas coroadas de árvores frutíferas, vales, planícies e campos espargidos de plantas aromáticas e de belíssimas flores, que parecem brotar espontaneamente; nossas vistas tornaram-se encantadas com a paisagem. O clima é suave a sadio e, enquanto nosso olfato se deleita com os perfumes que o embalsamam, o ouvido, em tranqüilo êxtase, escuta o gorjeio de numerosos pássaros, que parece terem escolhido este bonito lugar para sua moradia. Todos os sentidos, em suma, são gratificados; tudo o que vimos, escutamos ou sentimos, abre o coração para sensações encantadoras. Estas fascinantes costas podem ser reconhecidas como a Natureza própria do paraíso; tão pródigas em generosidades que são favorecidas por uma eterna primavera. Líamos nos contos de fadas, da existência dos jardins encantados, guardados por serpentes e outros monstros venenosos; um reconhecimento desta ilha nos leva a dar crédito a tais maravi-

lhas: talvez em nenhum lugar do mundo exista uma quantidade ou variedade tão grande destes répteis. Em alguns lugares, aqui e em outras partes do Brasil, dizem, este número de serpentes é tão grande que os mensageiros a caminho do Rio de Janeiro, são obrigados a galopar seus cavalos a toda velocidade, para se verem a salvo, mesmo quando estão a descansar à margem da trilha. Os moradores afirmam existir um remédio para as picadas destas serpentes: evito, contudo, aconselhar algum intrometido a arrojar-se nos domínios destes animais, fiando-se nisso, ou deixando de agir com a máxima cautela. Fiquei admirado de que muitos dos nossos cavalheiros, saindo à procura de borboletas (as mais belas do mundo são encontradas aqui), nunca tivessem tido algum acidente. Suprindo meu navio de água, vinda das florestas, empregava neste serviço os portugueses, ao invés de meus homens, a fim de evitar o perigo desses répteis. (Urey Lisiansky)

A localidade principal da ilha e da província, também residência do atual governador, é a Vila Nossa Senhora do Desterro. Esta pequena cidadezinha está na parte sudoeste da Ilha de Santa Catarina e, aproximadamente, a 10 milhas marítimas do citado ancoradouro, ao pé de montanhas regulares, sobre uma faixa de terra acidentada de declividade suave e que conta com 400 a 500 casas; dizem que o número de habitantes da ilha chega a 10.000 e o da província de 25 a 30 mil almas. Vivem aqui diversas pessoas abastadas mas poucas ou quase nenhuma delas é rica. Sente-se um bem-estar geral sem que haja riqueza. As casas são de pedra e de barro batido e seco, as ruas geralmente regulares. Encontram-se comerciantes ou mascates e artesãos de toda a espécie e muitos gêneros alimentícios são trazidos de todas as partes, diariamente, para o mercado. Nas inúmeras e pequenas lojas encontram-se quase todas as mercadorias, vindas da Europa, necessárias para as comodidades da vida: por exemplo, o ferro, vidros, porcelanas, fazendas de seda e algodão, espelho, lustres, papel, etc. Mas, tudo isto é muito caro como bem se pode supor. Os moradores de toda a província são atenciosos, cordiais e expansivos, reina muita hospitalidade e vida social. À noite, reúnem-se em grupos de pequenas famílias onde, segundo o costume bem português, dançam, riem, fazem gracejos, cantam e brincam. Os instrumentos mais comuns são a guitarra e o saltério. A música é expressiva, agradável e contagiante, as canções por seu conteúdo, são as costumeiras e falam geralmente do amor e da moça das saudades e suspiros do coração.

As representantes do sexo feminino não são feias e entre as mulheres de classe mais alta estão algumas que, mesmo na Europa, teriam motivos para se *firmarem com beldades. Na maioria são de estatura média, bem constituídas, de cor castanha ("basané"), se bem que algumas são muito claras, têm fortes cabelos pretos e olhos escuros e sensuais; acresce-se que o belo sexo recebe com muita gentileza os hóspedes e, em geral, não vive retraído ou confinado como na própria terra natal, Portugal, onde as damas vivem, durante o ano inteiro, enclausuradas, ou se escondem por detrás das portas e espiam o visitante pelo buraco da fechadura ou pela fenda da porta. Tão sem importância que possa parecer tal observação, não faltam pequenas intrigas de amor que se espalham aqui. Presentes europeus, mesmo os mais insignificantes, como fitas, brincos, etc., são gratamente recebidos.*

O vestuário de ambos os sexos é europeu; considerando que todo ele é constituído de fazendas finas e leves, portanto, usa-se com muita freqüência a musselina, o linho, o nanquim e fina seda. (Georg Heinrich von Langsdorff)

Iconografia

Figura 24 – Vista da cidade de Nossa Senhora do Desterro, na ilha de Santa Catarina.

Figura 25 – Vila de Nossa Senhora do Desterro.

Com características de centro urbano europeu, a vila de Nossa Senhora do Desterro é representada em uma perspectiva de voo de pássaro (45 graus). Nela se encontram inúmeras casas brancas de um pavimento, cobertas de telhas e dispostas em três linhas retas. Há poucas residências com dois planos, dispostas próximas a uma ponte de pedra e um armazém que lembra um porto. Ao fundo, além das montanhas e de árvores, há, em um plano mais alto, uma imponente igreja de duas torres.

1805 – George Mouat Keith

Notas sobre a viagem e o viajante

Nada conseguimos apurar sobre o tenente George Mouat Keith. Informa-nos a sua narrativa que ele viajava a bordo do *Protector*, uma brigue de guerra de Sua Majestade Britânica que, em 1805, incorporou-se a uma esquadra que seguia da Inglaterra para o Cabo da Boa Esperança. A embarcação de Keith e os outros navios da esquadra alcançaram a costa brasileira na altura do litoral baiano e fundearam, por alguns dias, na Baía de Todos os Santos. Daí, rumaram para o Rio de Janeiro, onde lançaram âncora a 3 de dezembro de 1805.

Obra

KEITH, George Mouat. *A voyage* to *South America, and the Cape of Good Hope, in His Majesty's gun brig the Protector, commanded by Lieut. Sir G. M. Keith, bart.* London: Richard Phillips, 1810.

Edição em português

KEITH, George Mouat. "A voyage to South America, and the Cape of Good Hope...". In: FRANÇA, Jean Marcel Carvalho. *Outras visões* do *Brasil Colonial:* antologia de textos (1582-1808). Rio de Janeiro: José Olympio, 2000, p.287-96 [Fragmento relativo ao Brasil].

Edição mais acessível na língua original

Não há.

Fragmento da narrativa

Do lugar de ancoragem, a vista que se tem da Baía de Todos os Santos e da cidade de Salvador é muito bonita e, ainda que inferior à da baía de Nápoles, é, em diversos aspectos, mas numa escala menor, comparável à vista que se tem de Constantinopla quando se a contempla do porto. Ao desembarcar, porém, a pessoa decepciona-se, pois é raro encontrar um lugar de igual tamanho e importância tão sujo, miserável e repulsivo – na mais plena acepção da palavra.

A casa do governador – que é agraciada com o título de palácio – compõe um dos lados de uma pequena praça. O outro lado é ocupado por uma cadeia com toda a canalha que abriga, cadeia que o governador é obrigado a contemplar pelo menos umas 50 vezes por dia – o que, há de se considerar, não é uma visão nem agradável, nem apropriada. [Fragmento relativo à cidade de Salvador]

Iconografia

Não há.

1807 – James Hardy Vaux

Notas sobre a viagem e o viajante

O famoso batedor de carteiras, falsário e escritor inglês James Hardy Vaux (1782-?) nasceu na pequena cidade de Shifnal, no interior da Inglaterra. A sua entrada para o mundo do crime deu-se por volta de 1798, em Londres, cidade onde se estabelecera para trabalhar em um escritório de advocacia. Em 1801, o velhaco, prestes a completar dezenove anos, foi pela segunda vez capturado batendo carteiras e condenado a cumprir pena na Nova Gales do Sul (Austrália).

Seis anos de exílio custou-lhe a condenação, anos por ele descritos com pouquíssima simpatia. Em 1807, graças à amizade que estabelecera com o governador Philip King, Vaux conseguiu finalmente pôr-se de novo a caminho de casa. King, que deixava o cargo de governador e estava prestes a embarcar no *Buffalo* rumo à Inglaterra, resolveu levá-lo como seu secretário pessoal. A embarcação partiu de Port Jackson no dia 10 de fevereiro de 1807 e, a 22 de maio do mesmo ano, entrou no porto carioca. O larápio inglês permaneceu quase três meses (12 de agosto) no Rio de Janeiro.

Obra

VAUX, James Hardy. *Memoirs of James Hardy Vaux. Written by himself in two volumes.* London: W. Clowes, 1819.

Edição em português

VAUX, James Hardy. "The Memoirs of James Hardy Vaux, Written by himself". In: FRANÇA, Jean Marcel Carvalho. *Outras visões do Brasil Colonial:* antologia de textos (1582-1808). Rio de Janeiro: José Olympio, 2000, p.297-309 [Fragmento relativo ao Brasil].

Edição mais acessível na língua original

VAUX, James Hardy. *The Memoirs of James Hardy Vaux, including his Vocabulary of the Flash Language edited and with and introd. and notes by Noel McLachlan.* London: Heinemann, 1964.

Fragmento da narrativa

Na rua em que estávamos estabelecidos, residia, na companhia de três jovens, uma velha senhora. Freqüentemente, eu a via na porta de sua simpática casa, entretida com uns carretéis dispostos sobre uma almofada – esta atividade, além de proporcionar algum divertimento, oferece uma fonte de rendimentos para os membros mais jovens das famílias. Essa senhora e suas acompanhantes ficavam sentadas no chão da sala de visitas, de pernas cruzadas, em frente a uma porta de treliça, que permanecia sempre aberta para receber o ar fresco. Todas as tardes, eu as encontrava nessa posição, entretidas numa animada conversa. A mais velha sempre a manipular as contas de uma corrente ou rosário, com um crucifixo preso à ponta. Esse objeto, que a dama trazia dependurado ao pulso, parecia receber toda a sua devota atenção.

Freqüentemente, passava por esse interessante grupo e, supondo que ele poderia proporcionar-me alguma emoção, passei a cumprimentá-lo en passant, cumprimento sempre cortês e simpaticamente correspondido. A cada nova saudação, o diálogo que se seguia era mais e mais extenso. Decorrido algum tempo, a senhora, numa certa tarde, convidou-me para entrar e sentar – obviamente não sentei no chão, pois a casa contava com cadeiras e com outras mobílias, todas elegantes mas desprovidas de luxo.

Iconografia

Não há.

1807 – John Mawe

Notas sobre a viagem e o viajante

O comerciante e mineralogista inglês John Mawe (1764-1829) deixou a Inglaterra, em agosto de 1804, rumo ao rio da Prata, onde esperava aproveitar as possibilidades comerciais oferecidas pela América Austral e enriquecer rapidamente. Depois de permaner meses em Cadiz, Mawe embarcou para Montevidéu e, a 11 de setembro de 1807, após de algumas peripécias, entre as quais uma detenção por suspeita de espionagem e uma participação na expedição inglesa contra Buenos Aires, embarcou para o Brasil.

Em terras da coroa portuguesa, o inglês passou pela ilha de Santa Catarina, rumou em seguida para Santos e daí empreendeu uma viagem a São Paulo, tornando-se o primeiro estrangeiro de que se tem notícia a visitar a cidade e a descrevê-la em uma narrativa de viagem – as notícias sobre São Paulo constantes nas narrativas anteriores são todas produto do *ouvir dizer*. Da capital dos paulistas, Mawe dirigiu-se para o Rio de Janeiro, onde desfrutou da recém-inaugurada tolerância das autoridades portuguesas em relação aos estrangeiros e conseguiu uma autorização do príncipe regente para visitar a região de Minas Gerais. A longa viagem do comerciante inglês terminou em 1811, quando retomou para Londres e abriu um próspero comércio de pedras preciosas.

Obra

MAWE, John. *Travels in the interior of Brazil, particularly in the Gold and Diamond Districts of that country, by authority of the prince regent of Portugal, including a voyage to the Rio de la Plata and an historical sketch of the revolution of Buenos Ayres, illustrated with engravings.* London: Printed for Longman, Hurst, Rees, Orme, and Brown, 1812.

Edição em português

MAWE, John. *Viagens ao interior do Brasil*. Prefácio de Mario Guimaraes Ferri; introdução e notas de Clado Ribeiro Lessa; trad. Selena Benevides Viana. São Paulo: Editora da Universidade de São Paulo; Belo Horizonte: Itatiaia, 1978.

Edição mais acessível na língua original

MAWE, John. *Travels in the interior of Brazil, with notices on its climate, agriculture, commerce, population, mines, manners, and customs; and a particular account of the gold and diamond districts; including a voyage to the Rio de la Plata.* Hildesheim: Olms Microform, 1998.

Fragmento da narrativa

São Paulo, situada num agradável planalto, com cerca de duas milhas de extensão, é banhada, na base, por dois riachos, que, na estação das chuvas, quase a transformam em ilha; ligando-se ao planalto por um caminho estreito. Os riachos desembocam em largo e belo rio, o Tietê, que atravessa a cidade, numa milha de extensão, tomando a direção sudoeste. Sobre ele existem várias pontes, algumas de pedra, outras de madeira, construídas pelo último governador. As ruas de São Paulo, devido à sua altitude (cerca de cinqüenta pés acima da planície), e à água, que quase a circunda, são, em geral, extraordinariamente limpas; pavimentadas com grés, cimentado com óxido de ferro, contendo grandes seixos de quartzo redondo, aproximando-se do conglomerado.

... A cidade foi fundada pelos jesuítas, provavelmente tentados pelas minas de ouro das proximidades, mais do que pela salubridade do clima, que, no entanto, não é sobrepujado por nenhum outro, em todo o continente sul-americano. A temperatura média varia de 50° a 80° F., tendo eu registrado, pela manhã, 48° e, mesmo, mais baixa, embora não fosse inverno. As chuvas não são, de modo algum, torrenciais e de grande duração, e as tempestades não podem ser consideradas violentas. A noite, o frio é tanto que fui obrigado a fechar portas e janelas, e agasalhar-me melhor, e a acender o fogareiro de carvão, no quarto, por falta de lareira.

Aqui existem numerosas praças e cerca de treze lugares de devoção, principalmente dois conventos, três mosteiros e oito igrejas, muitas das quais, como toda a cidade, construídas de taipa. Erguem-se as paredes da seguinte maneira: constrói-se um arcabouço com seis pranchas móveis, justapostas, e mantidas nessa posição por meio de travessões, presos por pinos móveis e vigas, à medida que avança no trabalho. Coloca-se o barro em pequenas quantidades, que os trabalhadores atiram com pás, umedecendo-o, de quando em quando, para dar-lhe maior consistência. Cheio o arcabouço, retiram o excesso, e prosseguem na mesma operação, até rebocar todo o madeiramento da casa, tomando-se cuidado de deixar espaços para as janelas, as portas e as vigas. A massa, com o correr do tempo, endurece; as paredes, perfeitamente lisas na parte interna, tomam qualquer cor que o dono lhes queira dar e são, em geral, ornadas com engenhosos enfeites. Esta espécie de estrutura é durável; vi casas assim construídas que resistiram duzentos anos e a maioria tem várias histórias. Os telhados constroem-se de modo a projetarem-se dois a três pés além da parede, fazendo com que a chuva corra distanciada da base; as calhas seriam um preservativo mais eficaz contra a umidade, mas aqui não se conhece o seu uso. Telhas curvas cobrem as casas, mas embora a região ofereça excelente argila, e lenha em quantidade, raramente cozinham os tijolos.

A população atinge a quinze mil almas: talvez aproximadamente vinte mil; o clero, incluindo toda a categoria de ordens religiosas, pode ser avaliado em quinhentos indivíduos. São, em geral, bons membros da sociedade, livres desta carolice e falta de liberalidade, tão reprováveis nas colônias vizinhas, e seu exemplo exerce influência tão benéfica sobre os restos dos habitantes, que presumo poder assegurar que nenhum estrangeiro será molestado, enquanto se portar como cavalheiro, e não insultar a religião estabelecida. Sua Excelência, o Bispo é um prelado mui digno e se as ordens inferiores de sua diocese lhe seguissem os passos, cultivando as ciências e difundindo conhecimentos úteis, conseguiriam impor maior respeito aos seus prosélitos, e, dessa maneira, defenderiam melhor os interesses da religião que professam. Padres tão ignorantes dificilmente deixarão de provocar desprezo.

Iconografia

Não há.

1808 – A escolta de D. João VI (Thomas O'Neil e Sidney Smith)

Notas sobre a viagem e os viajantes

A 7 de março de 1808, entrava na Baía de Guanabara a nau que trazia o príncipe regente D. João VI. Acabava, enfim, por concretizar-se uma ideia que havia muito circulava entre os cortesãos do reino: a de transferir a sede da monarquia portuguesa para o Brasil.

A frota dos fugitivos, formada por oito naus, quatro fragatas, doze brigues e alguns navios mercantes, zarpara do porto do Tejo a 29 de novembro de 1807. Aguardava-a, fora da barra, para conduzi-la *em segurança* ao Brasil, uma esquadra de seis navios dos aliados ingleses, comandada pelo almirante Sir Sidney Smith (1764-1840).

A esquadra inglesa, mais tarde reforçada pelos navios *Agamemnon* e *Foudroyant*, permaneceu dezesseis meses ancorada no porto carioca (até julho de 1809). Durante a ancoragem, o imediato do navio *London*, conde Thomas O'Neill, resolveu aproveitar o seu tempo ocioso e colocar no papel as suas observações sobre o Rio de Janeiro, Salvador e sobre outras partes do litoral brasileiro – as passagens de sua narrativa sobre o Rio de Janeiro foram copiadas pelo biógrafo de Sir Sidney Smith, Edward Howard e reproduzidas no livro citado a seguir.

Obras

O'NEIL, Thomas. *A concise and accurate Account of the Proceedings of the Squadron under the Command of Rear Admiral Sir Will. Sydney Smith K.C. in effecting the escape, and escorting the Royal family of Portugal to the Brazils, on the 29th of November, 1807. And also the sufferings of the royal fugitives during their voyage from Lisbon to Rio Janeiro with a variety of other Interesting and Authentic Facts. By lieut. Count Thomas O'Neil, of the Royal Marines.* London: R. Edwards Crane Court, 1809.

HOWARD, Edward. *Memoirs of Admiral Sir Sidney Smith. K. C. B., &c. By the author of "Rattlin the Reefer", &c.* London: Richard Bentley, 1839.

Edições em português

O'NEIL, Thomas. "A Concise and Accurate Account of the Proceedings of the Squadron...". In: FRANÇA, Jean Marcel Carvalho. *Outras visões do Brasil Colonial:* antologia de textos (1582-1808). Rio de Janeiro: José Olympio, 2000, p.311-20 [Fragmento relativo ao Rio de Janeiro].

HOWARD, Edward. "Memoirs of Admiral Sir Sidney Smith...". In: FRANÇA, Jean Marcel Carvalho. *Outras visões do Brasil Colonial: antologia de textos (1582-1808).* Rio de Janeiro: José Olympio, 2000, p.320-6 [Fragmento relativo ao Brasil].

Edições mais acessíveis na língua original

Não há.

Fragmento da narrativa

A cidade alta é habitada pelos comerciantes e fazendeiros mais abastados. As igrejas que aí se encontram são grandiosas, mas em pouco diferem daquelas do Rio de Janeiro. Nunca encontrei, no entanto, frades mais hospitaleiros do que os desta cidade. Permitam-me relatar um caso que bem ilustra o que venho dizendo. Um clérigo, de nome Pedro Francisco Gomes, que geralmente reside um pouco distante da capital, mas que tem uma excelente casa na cidade, foi protagonista de uma ação de bondade sobremodo encantadora. Dois importantes oficiais do London, que estavam no campo, há pouca distância da cidade, atrás de informações, oprimidos pelo calor, buscaram abrigo na casa deste ilustre clérigo, que os recebeu dando mostras de sua genuína boa índole. Os oficiais foram brindados com frutas, vinhos e doces e, ao partirem, um cavalo foi carregado com laranjas e outras frutas para o seu deleite. As laranjas, que têm o nome de laranjas virgens e são naturais desta parte da América do Sul, eram especialmente grandes, sem sementes e, cada uma, dava pelo menos meia pinta de delicioso suco. (Thomas O'Neil, fragmento relativo à cidade de Salvador)

Nessa festiva ocasião foram propostos vários brindes, brindes que convido o leitor a acompanhar com atenção, pois dizem mais sobre os sentimentos de gra-

tidão dos nossos reais convidados do que todas as descrições que poderia fazer. Sua Alteza o Príncipe Regente, o Príncipe do Brasil e a Princesa, separadamente, brindaram: Ao Rei da Grã-Bretanha, que ele tenha vida longa! O infante da Espanha seguiu-lhes: Prosperidade para os Ingleses, que pelejaram pela causa da minha família. E, por fim, a Infanta: Possa o nosso pai e sua família sempre conservar a estima de todos estes Oficiais de Sua Majestade Britânica. (Sidney Smith, fragmento relativo ao Rio de Janeiro, copiado da narrativa de O'Neil)

Iconografia

Não há.

Bibliografia geral

Australian Dictionary of Biography. Melbourne: Melbourne University Press; London: Cambridge University Press 1996. 12v.

ATKINSON, G. *La Littérature Géographique Française de la Renaissance.* New York: Burt Franldin, 1968.

BERENGER, M. *Collection de tous les voyages faits autour du monde par les différentes nations de l'Europe.* Lousanne: J. Pierre Heubach & Comp. Et à Genève: François Dupart, 1788. 9v.

BERGER, P. *Bibliografia do Rio de Janeiro de viajantes e autores estrangeiros (1531-1900).* Rio de Janeiro: Livraria São José, 1964.

Biographie universelle ancienne et moderne. Nouvelle édition, publiée sous la direction de M. Louis Gabriel Michaud. Paris: Madame C. Desplaces; Leipzig: Libraire de F. A. Brockaus, 1854-1865. 45v.

BOUCHER DE LA RICHARDERIE, G. *Bibliothèque universelle des voyages ou Notice complete et raisonnée de tous les voyages anciens et modernes dans les différentes parties du monde, publiés tant en langue française qu'en langues étrangères, classés par ordre de pays dans leur série chronologique.* Genebra: Slatkine reprints, 1970. 6v.

BRIDGES, R. C. & HAIR, P. E. H. *Compassing the vast Globe of the Earth. Studies in the History of Hakluyt Society 1846-1996. With a complete list of the Society's publication.* London: The Hakluyt Society, 1996.

BRITISH MUSEUM. *General Catalog of Printed books.* London: William Clowes and Sons Limited, 1931. 48v.

CARVALHO, A. de. *Biblioteca Exótica-Brasileira.* Rio de Janeiro: Paulo Pongetti, 1929-1930. 3v.

Catalogue Général des Livres Imprimés de la Bibliothèque Nationale. Paris: Imprimerie Nationale, 1925.

Dictionary of National Biography. London: Smith, Elder, & Co., 1885-1901. 66v.

DUVIOLS, J.-P. *L'Amérique espagnole vue et rêvée: les livres de voyages de Christophe Colomb à Bougainville.* Paris: Promodis, 1985.

_____. *Voyageurs français en Amérique: colonies espagnoles et portugaises.* Paris: Bordas, 1978.

GARRAUX, A. L. *Bibliographie Brésilienne. Catalogue des ouvrages Français et Latin relatifs au Brésil (1500-1898).* Paris: Ch. Chadenat-Jablonski, Vogt., 1898.

GOODMAN, E. J. *The exploration of South America: an annotated bibliography.* New York: Macmillan Company, 1972.

HARRISSE, H. *Bibliotheca Americana Vetustissima. A Description of Works Relating to America Published Between the Years 1492-1551.* New York: Mansfield Center, 1958.

MACEDO, R. *Apontamentos para uma bibliografia carioca.* Rio de Janeiro: Centro Carioca, 1943.

MALTE-BRUN, C. *Annales des Voyages, de la Geographie et de l'histoire.* Paris: F. Buisson, 1809-1814.

MORAES, R. B. *Bibliografia brasileira do período colonial. Catálogo comentado das obras dos autores nascidos no Brasil e publicadas antes de 1808.* São Paulo: IEB, 1969.

_____. *Bibliographia brasiliana.* Rio de Janeiro: Kosmos, 1983. 2v.

The National Union Catalog. Pre-1956 Imprints. Mansell, 1977.

PREVOST, A. *Histoire Générale des Voyages ou Nouvelle Collection de toutes les Relations de Voyages par mer et par terre.* Paris: Didot, 1751. 80v.

RODRIGUES, J. H. *História da história do Brasil. Historiografia colonial.* 2.ed. São Paulo: Companhia Editora Nacional, 1979.

SABIN, J. *A Dictionary of Books relating to America, From its discovery to the present time. Mansfield:* Martino, 2002.

SOBRE O LIVRO
Formato: 16 x 23 cm
Mancha: 27 x 42 paicas
Tipologia: IowanOldSt Bt 10,5/14
Papel: Offset 75 g/m² (miolo)
Cartão Supremo 250 g/m² (capa)
1ª edição: 2009

EQUIPE DE REALIZAÇÃO
Edição de Texto
Nair Kayo (Preparação de original)
Isabel Baeta e Adriana Bairrada (Revisão)
Leoberto Balbino Fonseca Silva (Atualização ortográfica)
Editoração Eletrônica
Chilli Mind Publicidade e Design
D'Livros